プロフェッショナルを究める

志村けんの言葉

桑原晃弥

プロフェッショナルを究める

志村けんが、ザ・ドリフターズの一員として『全員集合』に出始めた頃のことをよく覚えています。いかりや長介や加藤茶といったお馴染みのメンバーの中に突然、まだ若い志村が「メンバー見習い」を経て正式に加わったものの、最初は「よそ者」のように思え、あまり笑えなかった気がします。実際、この時期は志村にとっても辛い時期だったようで、「僕が入ってから1年くらいは、自分はあまり受けた記憶がない」と振り返っています。それまで身を乗り出して見ていた客が、志村が出た途端にサーッと退いて、シーンとなるのが手に取るようにわかったというのですから、志村はもちろん、他のメンバーにとっても不安な時代だったのではないでしょうか。

そんな志村が大ブレークをしたのは「少年少女合唱隊」で「東村山音頭」を歌ってからのことですが、以後はまたたく間に加藤茶を凌ぐ人気者となり、『全員集合』が終わった後も『加トちゃんケンちゃんごきげんテレビ』や『志村けんのバカ殿様』など、「志村」の名前が入った番組がいくつも生まれ、志村は2020年に亡くなるまで、長くお笑いの世界のトップランナーであり続けました。

　志村は1950年、東京都北多摩郡東村山町で3人兄弟の末っ子「志村康則」として生まれています。父親の志村憲司は小学校の教頭で柔道5段、志村にとってはケンカをしてもかなわない、一家の長として絶対的な存在でした。東京都といっても、周りは畑だらけで、家には囲炉裏や井戸もあったといいます。そんなのどかな風景の広がる場所で生まれた志村ですが、家の中はいつも暗く重苦しい雰囲気が漂っていました。

　厳格な父親は帰宅すると書斎にこもり、家族の間には会話もあまりなく、笑いもなかったといいますが、そんな家が一瞬だけ明るくなったのが、テレビでお笑い番組を見ている時でした。いつもは笑うこともなく、厳しい顔ばかりしていた父親が、その時だけは腹を抱えて笑っているのを見て志村は、父親さえも笑わせることのできるコメディアンの凄さを知り、のちに笑いの道を志すきっかけの一つとなったと話しています。

　その後、父親は交通事故に遭い、記憶障害となったことが原因で仕事を辞めることを余儀なくされますが、志村はそんな父親に反発しながらも、父親の「憲司」から芸名の「志村けん」を名乗るようになり、後年、友人の1人に「ずっと大嫌いだったけど、親父と酒を飲んでみたかった。叶わない夢だけどね」と懐かしそうに話したといいます。

そんな志村だけにお笑いへのこだわりはとても強いものがありました。24歳でドリフターズの一員となってから70歳で亡くなるまでの46年間、お笑い一筋に生きてきました。高倉健主演の映画『鉄道員（ぽっぽや）』に出演したのは例外中の例外で、お笑い一本で勝負してきたのが志村です。さらに志村がこだわったのが老若男女誰もが楽しみ、笑うことのできるお笑いでした。お笑いには、厳格だった父親さえも笑わせる力があり、たとえ一瞬でもみんなが笑うことができれば、その時はみんなが幸せな気持ちになることができるというのが志村の思いでした。

SNSの台頭により、テレビを家族揃って見ることはまれになった時代、志村が思い描く理想の笑いを届けることは徐々に難しくなり始めていましたが、それでも多くの人にとって志村はたくさんの笑いを届けてくれる愛すべきコメディアンであり続けました。それだけに2020年3月、志村が新型コロナに罹り亡くなったという知らせはあまりに突然で、あまりに悲しいものでした。

ほんの数日前までテレビでコントを演じていた人が突然亡くなるという衝撃は大きく、コロナの怖さと同時に、志村けんという不世出のコメディアンを失った喪失感はあまりに大きなものでしたが、志村がつくり上げたコントは今も残り、志村の演じたキャラクターたちは演じ手がいなくなっても愛され続けています。

今という時代は多くの人にとって苦しいことの多い、生きづらい時代ですが、だからこそ笑いが求められてもいます。ストイックなまでに笑いを求め、お茶の間に笑いを届け続けた志村の生き方を知ることは、自分の好きなことに生涯を賭けることの素晴らしさを知ることにつながります。志村の言葉を知ることは、今を生きる皆さまにとってもきっと生きる支えとなるのではないでしょうか。

本書の執筆と出版には、リベラル社の伊藤光恵氏、仲野進氏、安永敏史氏にご尽力いただきました。感謝申し上げます。

桑原　晃弥

第一章 笑いに賭ける

第二章 継続こそ力なり

第三章 人間関係の築き方

第四章 努力の仕方

第五章 常識や礼儀があればこそ

第六章　お金との付き合い方

第七章 上手な遊び方

WORDS OF KEN SHIMURA

第一章

笑いに賭ける

WORDS OF KEN SHIMURA

01

すべての人が喜ぶ それが本当のコント

ある年代層にだけ受けるものじゃなくて、
子どもも大人もおじいさんもおばあさんも
誰でも笑えるのが僕の考えているコントだ。

▼『変なおじさん』

「国民的○○」という言い方があります。日本全国津々浦々にまで名前の知れ渡った、みんなに愛される番組や俳優などのことですが、ザ・ドリフターズの『8時だョ!全員集合』は、間違いなく国民の誰もが知る、誰もが楽しんだ「国民的番組」でした。

時には「ドリフは子ども向けだ」と言われることもありましたが、※いかりや長介も志村けんも、それには強く反発したといいます。自分たちが目指しているのは、子どもから大人、若者からお年寄りまで、老若男女、誰にでもわかる笑いであり、そういう姿勢でつくるからこそ、子どもが楽しんでくれたのです。

「子ども向けのネタをつくっても、子どもには受けない。『子どもだからといって、バカにするな』と嫌われる。大事なのは自分が面白いと思うコント、大人が面白いと思うだろうコントをつくることだ」が志村の考えでした。

子どもだけが喜んでもダメ、大人だけが面白がってもダメで、大人も子どもも一緒になって笑い、楽しんでくれる、そんな番組だからこそ、たくさんの人が見てくれたのです。志村にとってのコントは、家族団らんで楽しむものだったのです。

※いかりや長介…1931～2004年、コメディアンで『ザ・ドリフターズ』のリーダー。俳優としても活躍。

WORDS OF KEN SHIMURA 02

見えないところにこそ神経を使え

セットの小道具ひとつ、かつらひとつでも、気を抜いてしまったら、コントの出来も変わってしまうものなのだ。

▼『変なおじさん』

「神は細部に宿る」という言葉がありま す。全体的、表面的な美しさばかりを気にして、細かい部分をおろそかにすると、結果的に作品などの質が落ちるという意味ですが、志村けんはコントにおいても、同様のこだわりを見せていました。

『全員集合』の時代劇コントでも、いかりや長介は紙でつくったぼて鬘《かつら》を嫌い、本物の鬘と、時代劇並みの本格的な着付けを要求しましたが、志村も『志村けんのだいじょうぶだぁ』の時、昔の農家のセットを見て、かまどに盛り塩を置くように指示したといいます。農家で育った志村にとって、かまどにはいつも盛り塩がしてあるものであり、それを美術さんに言ったところ、「それを言われたら、志村さんにはかなわないよ。きちんとやらないと」と、以後はリアルなセットをつくってくれるようになったというのです。

同様に、たとえ扉は開けないとしても、冷蔵庫には食べ物や飲み物が入っていてほしいし、そうしたリアルな状況でやるからこそ、コントは面白いものになるのです。目立つところを丁寧につくるのは誰でもやることですが、志村は細かいところにまで気を配ることで、コントをみんなが楽しめるものにすることができたのです。

WORDS OF KEN SHIMURA 03

責任は他人にではなく自分にあると考えよう

芸人は、よく「今日の客は悪いや」って言うけど、それを言っちゃあおしまいだ。

▼『変なおじさん』

自分の考えが相手に伝わらない時や、苦労してつくった製品が思うように売れない時に、「相手が悪い」「お客が悪い」と、他人のせいにしたことはないでしょうか。

志村けんは、ザ・ドリフターズの正式メンバーになる前の一時期、同じ付き人仲間と「マックボンボン」というお笑いコンビで活動していたことがあります。ザ・ドリフターズの地方巡業の前座や、小松みどり、森進一などの前座をやっていました。持ちネタは動いて笑わすものので、横に立つ相棒を手で叩く代わりに、かかと落としに近いような技で、足で顔を蹴る荒っぽいツッコミもしていました。

やがて徐々に受けるようになり、小柳ルミ子や天地真理といった若手のショーにも出るようになりましたが、ある時、※三波春夫のショーの前座をやったところ、まったく受けませんでした。若い歌手と三波春夫とではお客の年齢層が違い、若いお客に受けるネタはまったく通用しなかったのです。そこで、ネタをガラッと変えたところ受けるようになりました。この経験で志村は「何があっても客のせいにしちゃいけない」ということを学んだのです。責任は相手にではなく、いつも自分にあるのです。

※三波春夫…1923〜2001年、本名は北詰文司(きたづめぶんじ)。新潟県出身の浪曲師、演歌歌手。

WORDS OF KEN SHIMURA 04

頭の中だけでなく、身体で考えよう

作家は机の上で考えるけど、
僕らはコントを思いついた時はもう動いてる。

▼『変なおじさん』

ものづくりの世界でしばしば起きるのが、机上で考えたアイデアが実際に現場でやると思うような結果が出ない、というケースです。考えることと、実際にやってみることとの間には、どうしてもズレが生じてしまいます。

志村けんによると、ザ・ドリフターズの『全員集合』にはコントを考える作家が4、5人いましたが、作家が持ってきたコントはヒントにはなっても、即採用できるのはあまりなかったといいます。理由は、コントには動きがあるのに、作家自身は舞台で実際に動いた経験がないため、動きの計算ができないからです。

そのため、動きの少ない、言葉で笑わせる部分は作家も考えることができますが、そこに動きが加わると、コメディアン自身が考えたものの方が面白いものになるのです。結果的に『全員集合』のコントは、いかりや長介が「こんなことをやりたい」と言って、そこに志村たちメンバーが稽古をしながら肉付けをしていくというやり方が基本になりました。

アイデアを考えることと、それを形にすることとの間には大きな違いがあります。大切なのは「考えたら実行する」ことであり、そこから面白いもの、役に立つものが生まれてくるのです。

WORDS OF KEN SHIMURA 05

笑いには、辛さやしんどさを忘れさせる力がある

人間、つらいことがあっても、笑っていれば、瞬間、そのつらさを忘れることができる。たとえ一瞬でも。そういう笑いをつくれれば、僕は十分なんだよね。

▼『ドリフターズとその時代』

志村けんがお笑いを志した理由の一つは、普段は笑いのない自分の家が、お笑い番組をみんなで見る一瞬だけは明るくなったからだといいます。志村の家は代々続く農家でしたが、父親は小学校の教師をしており、帰宅すると書斎にこもり、家族の間に会話はありませんでした。しかも、柔道もしていた父親の機嫌を損《そこ》ねるようなことを言うと、足払いされて殴られました。

そんな笑いのない家でも、テレビで中継された『雲の上団五郎一座』の舞台中継で、三木のり平や八波むと志の演じる劇中劇を見る父親は、腹を抱えて笑っていたのです。父親の姿を見た志村は、厳格な父親さえも笑わせるコメディアンの凄さを実感、それが笑いの道を志すきっかけとなったのです。

「人間、つらいことがあっても、笑っていれば、瞬間、そのつらさを忘れることができる。たとえ一瞬でも。そういう笑いをつくれれば、僕は十分なんだよね」

志村は「人に夢を与えよう」とか、そんなことは思わず、たとえレベルが低いと言われたとしても、夢を持てない人、辛い生活をしている人、普段は笑わない人にも笑ってもらえる、そんな笑いを目指したのでした。

WORDS OF KEN SHIMURA 06

ダメな時は一からやり直す勇気を持とう

煮詰まったら、いったんチャラにする。

▼『志村流』

仕事で、あるプロジェクトをいったん始めてしまうと、途中でうまくいかなくなったからといって、簡単にはやめられません。内心「このままだとまずいな」と思っていたとしても、それまでにかけた時間やお金、労力のことを考えると、やめるのではなく、修正しながら何とか完成させようとしがちです。

しかし、志村けんによると、こうしたやり方は決して好ましくはないと言います。たとえば、うどんのつゆをつくっている時、塩が足りない、みりんが足りない、醤油が足りないなどと、バランスが取れないままに継ぎ足していってしまうと、ドツボにはまることになります。そんな時は、「せっかくつくったんだから」と手直しするよりも、全部捨てて、一からつくり直す方が時間も早く、よい物になるというのが志村の考えです。

それはドリフ時代もやっていたことで、セットをつくったもののうまくいかない時は、いったん、原点に戻って考え直す方が早道だし、最後はうまくいくという経験を何度もしています。

仕事でも遊びでも、煮詰まったら、「ここまでやっちゃったから」という思いを捨てて原点に帰る。それこそが志村流人生のセオリーなのです。

WORDS OF KEN SHIMURA 07

自分が楽しくなければ笑いは生まれない

やってる方に余裕がなくて
一生懸命さが伝わってしまううちは、
がんばってる気持ちがわかる分だけ、
見ていても笑えない。

▼『変なおじさん』

人を笑わせるというのは、人を泣かせる以上に難しく、やっている側に余裕がないと笑わせることはできないといいます。

1974年、志村けんは※荒井注に代わって、ザ・ドリフターズの正式メンバーとなっています。しかし、入ってからの1年間は、志村自身、自分の芸が「受けた記憶がない」という日々でした。それまでお客さんが身を乗り出して大笑いしていたにもかかわらず、志村が出た途端にサーッと引き、シーンとなるだけに辛かったそうです。

当時の志村について、荒井注は「硬かったねぇ、最初は。テレビで見てても石みたいだったもんな。オレも心配したけど、志村も大変だったと思うよ、当時は」と話しています。

志村によると、お客さんが笑うのは「こいつら本当に楽しそうにやってるな」と感じるからです。ところが、志村は何事にも無我夢中になるあまり、力が入り過ぎ、余裕をなくしていました。お客さんにはがんばっているのはわかるけれども、それでは笑うことはできないのです。どんなに大変でも、楽しく遊んでいるように見せることが大切だと、志村がそう気づくまでに1年が必要だったのです。

※荒井注…1928～2000年、コメディアン、俳優。ザ・ドリフターズの元メンバー。

WORDS OF KEN SHIMURA 08

ヒットはお客さんが決めてくれる

これを当てようと狙って、
うまくいったものはまずなかった。

▼『変なおじさん』

音楽や映画などで大きなヒットを狙って派手にプロモーションをし、狙い通りに大ヒットする場合もありますが、志村けんは「これを当てようと狙って、うまくいったものはまずなかった」と振り返っています。

志村がお茶の間の人気者になるきっかけは、1976年の「東村山音頭」の大ヒットでした。「東村山音頭」は、志村の生まれ故郷の盆踊りなどで流れていたものですが、『全員集合』の「少年少女合唱隊」のコーナーで、いかりや長介に「志村は東村山音頭を歌え」と言われたのが、テレビでの初披露となります。

志村は即興でアレンジして歌いますが、最初の方は「ちょっと反応があった」程度でしたが、やっていくうちに「あれ面白かったからまたやろう」となり、徐々に人気が出始め、やがて大ヒットとなりました。大ヒットに導いてくれたのは会場のお客さんの「やれ！やれ！」という盛り上げでした。会場が盛り上がるから志村も楽しくなり、テレビを見ている人も喜んでくれたのです。

最初から狙うのではなく、反応を見ながら続けていくうちに大ヒットが生まれる。これが志村の流儀でした。何が面白いかは、お客さんが決めてくれるのです。

WORDS OF KEN SHIMURA 09

「なんとかなるさ」は通用しない

コントをやる時も、このへんでやっちゃえ、というようなことは絶対やりたくない。

▼『変なおじさん』

ザ・ドリフターズの『全員集合』もそうですが、志村けんのコント番組は事前にしっかりとした準備を行い、徹底した稽古をすることで知られていました。

志村のつくる笑いは、あくまでも「つくられた」笑いであり、基本的にアドリブはありませんでした。相手が思わず吹き出している時も、「実はシナリオ通りだったりする」というように、計算しつくされた笑いを提供するのが志村流でした。

そのため、志村は自分が納得するまでシナリオを練り、準備を行いました。当然、時間もお金もかかりますが、「このへんでやっちゃえ」と妥協するのは、志村の流儀ではありませんでした。なぜ、そこまでこだわるのでしょうか？　理由は「受けない時が一番辛いから」でした。

世の中には十分な準備もせず、「なんとかなるさ」とばかりに本番に臨《のぞ》む人もいますが、それは「時間が足りなくて十分準備ができなかったからうまくいかなくても仕方ないさ」などとあらかじめ失敗の言い訳を用意しているのと同じことですし、たとえ成功したとしても、それは偶然の産物に過ぎません。志村にとって、「笑い」はしっかりとした準備と計算に裏打ちされたものでなければならなかったのです。

WORDS OF KEN SHIMURA 10

「苦あれば楽あり」を信じよう

つくるのは大変だけど、つくってしまって
それを演じるのは本当に楽しい。
やっていて周りが笑うとすごく楽しくて
快感がある。

▼『おとなの週刊現代』

志村けんにとって、コントをつくることは、大好きなことではあっても、決して楽なことではありませんでした。志村によると、たとえば『志村けんのバカ殿様』の準備を始める時期が来ると、まず思うのは「嫌だなあ」でした。志村のような完璧主義者にとって、ネタづくりは辛い仕事であり、それを考えるだけで嫌になったのです。

では、なぜそんな辛い作業を何十年も続けたのでしょうか？　理由はこうです。

「でも、本番で受けるのが楽しみだったり、放送が終わってから『面白かったよ』という声を聞きたいということがあるから、一生懸命やろうって気になるんだから」

まさに志村が言うように、ネタをつくるのは大変でも、つくったコントをみんなと演じるのはとても楽しいし、それをお客が笑い、「面白いね」と言ってくれることは、それまでの苦労を吹き飛ばす、何物にも代えがたい快感なのです。

「苦あれば楽あり」は昔から言われていることですが、志村も「辛いことの後には、必ず楽しいことがやってくる」と信じていました。志村にとって、仕事は辛さや苦労を忘れさせてくれる、ストレス解消の場でもあったのです。

WORDS OF KEN SHIMURA 11

笑いは明日を生きる活力を生む

笑いながら、なんとなくしみじみとして、「やっぱり家族っていいな」「生きているっていい」と感じてもらえればなぁ、と思っています。

▼『ドリフターズとその時代』

志村けんは、テレビでは「バカ殿様」など、ひたすら笑えるコントを続ける一方で、2006年からは座長公演『志村魂』をスタートさせています。内容は二幕で構成され、一幕がテレビでお馴染みの「バカ殿様」とコント、二幕は志村が好んで演奏もしていた津軽三味線の演奏と、松竹新喜劇の『一姫二太郎三かぼちゃ』や『人生双六』といった、泣いて笑える「人情喜劇」でした。

志村がザ・ドリフターズ以来演じてきたのはドタバタ・ナンセンス路線でしたが、インタビューなどでは「哀愁が好きなんだよね」と話しているように、藤山寛美が築き上げた、泣いて笑える人情味のある温かい笑いも大好きでした。それを自分が残していきたいというのが志村の思いでした。「笑いながら、なんとなくしみじみとして、『やっぱり家族っていいいな』『生きるっていい』と感じてもらえればなぁ、と思っています」と話しています。

志村がお笑いを志したのは、普段は笑いのない厳しい家庭に育ちながらも、お笑いの舞台中継をテレビで見る一瞬だけ、家庭に笑いが生まれたからです。笑って泣いて、明日を生きていく活力になればいい。それが志村の目指すものでした。

WORDS OF KEN SHIMURA 12

いい大人が真剣にバカをやるから面白い

自分が笑われるのはいい。
でも、他人を笑うのは好きじゃない。

▼『おとなの週刊現代』

テレビやユーチューブなどで、素人の人をいじったり驚《おどろ》かしたり、騙したりして笑いを取る番組やコンテンツがあります。芸能人相手のドッキリならともかく、相手が素人となると、つくっている人は楽しいのかもしれませんが、やられた側のことを考えると、素直には笑えないこともあります。

志村けんが得意としたのは、時間をかけてつくりこんだお笑いでした。登場するのはお笑い芸人だけとは限らず、歌手やタレントの人たちも参加していましたが、アドリブのない、計算した笑いが志村のコントの特徴でした。

そんな志村だけに、素人をいじって笑いを取るといった企画は「個人的には好きじゃない」と言い切っていました。芸人として自分が笑われるのはいいけれども、他人、特に素人をいじって笑いをとるのは好きじゃない、というのが志村の考え方でした。

いい大人が真剣にバカなことをやるからこそ、お笑いは成立し楽しいものになります。自分はバカなことをしないで、ただ人をいじり、他人を笑っているだけなのは、志村の考えるお笑いではなかったのです。

WORDS OF KEN SHIMURA 13

本番はもちろん準備の段階から全力でいけ

最初から全力でいかない奴は、その時点で先がない。

▼『志村流』

スポーツでも仕事でも、準備や練習はあまり真剣にやらず、「本番で本気を出せば大丈夫」という考えの人がいます。本番に備えて英気を養っている、というところなのでしょう。それでうまくいけば立派なものですが、志村けんはコントを演じる場合、「準備も全力で完璧を目指す」ことを信条としていました。

コントを演じるにあたって、かなりの下準備を行いますし、完璧な下ごしらえを目指します。ある程度形になってからも、念入りに何度もチェックしたといいますから、たしかに時間もかかるし、労力もお金もかかります。

しかし、どれほど完璧を目指してがんばったとしても、100%のものはできず、「いいところ80点じゃないの」というのが志村の見方です。だとすれば、何も最初から全力でやらなくても、という声が聞こえてきそうですが、「最初から全力でいかない奴は、その時点で先がない」というのが、志村の仕事への取り組み方です。

「最近は、大切な準備に全力投球する人たちが少ない」と嘆きつつ、プロは準備から全力を尽くさなければならない、というのが志村の持論でした。志村によると、成功の鍵はそこにあるのです。

WORDS OF KEN SHIMURA 14

自己満足に陥るな

自分が面白いと思ったものと、世間の人たちが
面白いと思うものがズレていないか。
これが確認できるから、お客さんの前はいい。

▼『我が師・志村けん』

功成り名を遂げた人が「裸の王様」になるのは、周りにイエスマンばかりが集まり、都合の悪い情報や批判的な情報が入ってこなくなるからです。結果、正しい判断ができなくなることが、失敗につながっていくことになります。

志村けんは『全員集合』のように、観客のいる前で演ずることを好んだといいます。舞台でのコント形式の良さを※仲本工事が「無言のテレビカメラに向かって芝居するというのは、間が取りにくい。お客さんがいれば、目の前のお客さんの息づかいを聞いて、それに乗って芝居すればいいから、手応えがある」と語っていました。

志村自身も『志村けんはいかがでしょう』などの公開収録では、スタジオにお客さんを入れていましたが、理由は「反応がすぐ返ってくるから」でした。テレビカメラだけだと、お客さんの反応がわからないのに対し、スタジオにお客さんがいれば、「自分が面白いと思ったものと、世間の人たちが面白いと思うものがズレていないかが確認できる」というのが志村の考え方でした。志村は自己満足に陥ることなく、お客さんが本当に笑ってくれるかどうかを常に意識し続けていたのです。

※仲本工事…1941〜2022年、コメディアン、ミュージシャン、ザ・ドリフターズのメンバー。

WORDS OF KEN SHIMURA 15

楽しい気持ちからしかよい成果は生まれない

古今東西、いつの時代も、
自分が楽しいと思わない仕事から、
よい結果は生まれない。

▼『志村流』

志村けんによると、ザ・ドリフターズはチームワークがよく、「自分が受けるより、ドリフが受けるほうが大事」と思っていたし、「自分たちが面白いことを真剣にやる」のを鉄則としていたといいます。それだからこそ、『全員集合』というオバケ番組を生み出し、長年に渡って続けることができたのです。

　コントをつくり上げる時、ウマが合わない人間と一緒にやろうとすると、どこかギクシャクした関係になり、そこから大受けしたギャグが生まれたことはなかったとも話しています。こうした経験を踏まえてか、志村は「一緒にやる人たちとウマが合わず、自分が楽しいと思えない仕事からは、よい結果は生まれない」と言い切っています。

　理由は、「楽しい気持ち」から探求心や研究心は生まれるため、そこに「イヤイヤ」とか「なあなあ」といった、いい加減な気持ちが入り込むと、人を感動させるような仕事はできないからです。好きな仕事に就くのが難しいなら、今やっている仕事を好きになることです。好きならがんばれるし、楽しいことのためなら少しぐらいの辛さも乗り越えることができます。良い仕事の根底には「好き」や「楽しい」があるのです。

WORDS OF KEN SHIMURA

16

真の芸人は素の顔を見せてはいけない

コントをやってる自分を売ってるだけで、素の自分を売ってるつもりはない。

▼『変なおじさん』

志村けんは、「バカ殿様」のようなコントが中心で、MCやコメンテーターを引き受けることはほとんどありませんでしたし、「素の自分」を出すこともしませんでした。志村は「志村けんは実は3人いる」と考えていました。

1人目が本名・志村で、これを「素の志村」とすれば、2人目がテレビなどでおなじみの「芸人としての志村けん」。そして3人目が、コントで「バカ殿様」や「変なおじさん」を演じている「キャラ・志村」となります。

当然、「芸人・志村」は、お笑い芸人として質の高い笑いを生み出すためにネタづくり、キャラクターづくりなど考えることが多く、ストレスも多いわけですが、そんな「芸人・志村」を上手に管理していくのが「素の志村」の役割になります。

そのため「素の志村」は、テレビとのギャップが大きいとよく言われましたが、志村自身はそれでいいと考えていました。「真の芸人は、プライベートな裏の顔を見せちゃいけないものだと思っているし、そこのところを見せてまで営業するのは、オレの本意じゃない」が、志村の考え方でした。

WORDS OF KEN SHIMURA 17

ピークをどこにもってくるかを間違えるな

10本の中に60点とか70点のコントがちりばめてあるから、100点のコントが際立つんだよ。

▼『我が師・志村けん』

志村けんは、スタッフ任せでコントをするのではなく、台本づくりから構成まで、自分で細かく考え指示を出していました。こうした経験から生まれたのが「1時間番組で10本のコントをやるなら、10本全部を100点のコントにしたらダメだ」という考え方です。

志村によると、たとえば1時間番組で30分のコントをやる場合、ずっと面白いのをやってしまうと、その前後がつまらなくなるといいます。そのため、わざと「ここはつまんなくてもいいよ」とか、音楽だけですませるコントを入れるなどして、強弱をつけます。このような「つまんねえな、なんだよ」というものをあえて入れて「わざと前を殺す」ことで、初めて一番最後を面白くすることができるのです。

とはいえ、最後を面白くするためには、番組の芯になる「長くてしっかりしたコント」をつくることが欠かせませんが、その作業は大変なため、芯のない遊びばかりでつくられた番組があることに志村は不満を感じ、たとえ大変でも「しっかりとした芯のあるコント」をつくり上げました。それがあるからこそ、遊びや息抜き的なものも許されるし、「芯」が際立つことになるのです。

WORDS OF KEN SHIMURA

第二章

継続こそ力なり

WORDS OF KEN SHIMURA 18

自分から飽きるな。飽きられるまでやり続けよ

マンネリになるまでやり続けられるというのは、実はすごいことだ。

▼『変なおじさん』

志村けんがつくり上げたキャラクターは、息の長いものがたくさんあります。「変なおじさん」や「バカ殿様」のコントは、毎回バリエーションはあっても、展開はほぼ似たようなものなので、「もういい、飽きたよ」と言う人もいましたが、志村は「笑いにはマンネリが必要だし、マンネリになるまでやり続けられるというのは、実は凄いことだ」と言って、決してやめようとはしませんでした。

それには、ある体験が影響しています。『全員集合』の頃、「カラスの勝手でしょ」の替え歌に飽きてしまった志村は、ある時「もう歌いたくありません」といかりや長介に相談し、次の放送で歌わなかったところ、ＴＢＳに「なんで歌わないんだ？　うちの子どもがグズグズ言って、寝ようとしない。どうしてくれるんだ」という抗議の電話が殺到したというのです。

以来、志村は「自分が飽きたらいけないんだ」と気づき、たとえマンネリと言われてもやり続けるようになります。志村によると、お笑いには「多分こうするよ、ほらやった」という笑いと、「意表をつかれた、そうきたか」という２種類があり、「ほらやった」という笑いは１つの宝なのです。マンネリにはそれだけの力があるのです。

WORDS OF KEN SHIMURA

19

ブレずに、生涯笑いの道をゆく

お笑いをやってても歳を取ったら文化人みたいになったりする。けど、僕は決してそうなるまいと思ってる。

▼『変なおじさん』

最近では、漫才やコントなどでデビューした人が、いつの間にかワイドショーのコメンテーター席に座ることが増えています。笑いも期待されているのかもしれませんが、ほとんどの場合、さまざまなニュースや話題に対して真面目なコメントをしています。そして、いつの間にか芸人から立派な文化人になる人もいます。

志村けんは、生涯、こうした仕事をしていません。「バカ殿様」で家老役を演じた大先輩の※東《あずま》八郎さんに、かつてこんなことを言われたことがあります。

「ケンちゃん、お笑いはバカになりきることだよ。いくらバカをやっても、見る人はわかってる。自分は文化人だ、常識があるんだってことを見せようとした瞬間、コメディアンは終わりだよ」

以来、志村はこの言葉を大事にしています。

文化人になりたがるのは、お笑いの地位が低いからです。そのため、いつまでも「バカなこと」をやるのではなく、どこかで方向転換をして文化人に成り上がる人もいるなか、志村は「歳を取っても、ずっとお笑いでドタバタやっていたい」という意志を貫いたのでした。

※東八郎…1936～1988年。日本を代表するコメディアンの一人。

WORDS OF KEN SHIMURA

20

不器用と言われても好きなことを一筋に

僕のような生き方は、きっと時代遅れなのだろう。
でも、人生の中で本当に好きなものがひとつあって、
それをずっと続けてこられたのは、
すごく幸せなことだと思っている。

▼『変なおじさん』

予算や視聴率も関係しているのでしょうが、かつてはたくさんあったコント番組を、最近はテレビで見ることが少なくなりました。抜群に面白いコントをやっていた人たちの多くがタレントになり、MCとして活躍する中で、志村けんは亡くなる直前までコントにこだわり、コント番組をつくり続けていました。

本来は役者もできるし、音楽もできる人ですが、テレビでは変わらず「バカ殿様」や「変なおじさん」をやり続けていました。志村自身が言うように「本当に一本道を歩いてきた」人生ですが、今の時代、志村のようなタイプは珍しく、最初は芸人でも、「あれこれいろんなことをやりたい」と、「何でもできるマルチタレント」を目指す人が多くなりました。

たしかに、漫才やコントでスタートした若手が、MCや役者、ユーチューブもやるというのは、今や珍しくありません。そんな若手を見ながら、志村は「僕のような生き方は、きっと時代遅れなのだろう」と思いながらも、「でも、人生の中で本当に好きなものがひとつあって、それをずっと続けてこられたのは、すごく幸せなことだ」と考えていました。一生かけて大好きなことをやり続けるのは凄いことだし、羨ましいことなのです。

WORDS OF KEN SHIMURA 21

好きなことには熱心であれ、貪欲であれ

自分が、好きでこの道だと決めた以上、あとは貪欲にやるしかない。

▼『変なおじさん』

志村けんは高校3年生の時に、いかりや長介のマンションを訪ね、12時間待ち続けて弟子入りを志願し、付き人になっていますが、当時はドリフターズのメンバーになりたいと考えていたわけではありません。ドリフターズがどうやってネタをつくっているのかを間近で見ることが、お笑い芸人になるうえで役に立つと思ったからです。そのため志村は、付き人としての仕事をこなしながら、自分でもネタを書き、付き人仲間と稽古をして、メンバーやスタッフの前で披露することもしていました。さらに、人気絶頂の※コント55号の番組を担当していたテレビ局のディレクターの所に、毎週のように顔を出し、「すみません。55号の台本はありますか」と貰いに行ってもいます。

そんな志村の熱心さ、貪欲さを知る件《くだん》のディレクターは、萩本欽一にある時、「志村けんという名前は、覚えておいた方がいいですよ。ひょっとすると、大将を追い抜いていくような人かもしれないから」と言っていますが、それほどに志村の熱心さは群を抜いていたのです。「自分が好きでこの道だと決めた以上、あとは貪欲にやるしかない」と初志を貫くことで、やがて志村は一流への道を駆け上がっていったのです。

※コント55号…萩本欽一と坂上二郎のお笑いコンビ。1966年コンビ結成。「なんでそうなるの!」や「飛びます!飛びます!」のギャグが有名。

WORDS OF KEN SHIMURA 22

人と同じことをしていては差はつけられない

最近、もったいない気がしてしょうがないんだよ。8時間も寝てたら、人生の3分の1を無駄にするような気になるんだね。

▼『おとなの週刊現代』

睡眠時間を削ってでも懸命に働く人たちに共通するのは、「人生は短い。できることは限られているから、懸命に働かないと」という考え方です。

その背景には、寝る時間を削って人の倍働けば、倍の成果があげられるという思いや、限られた人生をムダにすることなく、精一杯生きたいという思いがあります。

志村けんも、デビューから14年目の39歳の時に、「人生の半分まで来ちゃったでしょ」と、こんな言葉を口にしました。

「最近、もったいない気がしてしょうがないんだよ。8時間も寝てたら、人生の3分の1を無駄にするような気になるんだね。それで、コントのネタをいつも考えちゃうんだね」

そのためか、仕事を終えてから仕事仲間と飲みに行った後、家でゆっくり寝ないで、クラブの女の子との会話を思い出しながら、「これはコントに使えないか」と考えてみたり、DVDを見ながらあれこれ考えたりするのが志村の流儀でした。「器用なほうじゃないから、人と同じだけ寝てたんじゃ、一人前になれない。睡眠時間は5時間で十分」と、志村はどれほど有名になっても思い続けていたのです。

WORDS OF KEN SHIMURA 23

あれもこれもより得意なこと一本で勝負しろ

僕は、そんなにアレコレやってもしょうがないと思ってる。自分の不得意なところに行くより、得意なところで勝負したほうが勝ち目もある。

▼『おとなの週刊現代』

あるタレントが若い頃、売れているタレントたちが得意とする分野を細かく分析したうえで、どの分野が手薄なのか、どの分野なら自分は勝ち目があるのかを調べ、自分の得意技を磨くことで売れっ子になったということがありました。タレントに限らず、企業でも、どこで戦うかを知ることは、勝つうえで大きなポイントになります。

志村けんがある時、ディスコに行ったところ、二人連れの外国人女性から「あなたの言葉はわからないけれど面白い」と言われました。理由は、タモリやビートたけし、明石家さんまがトークを得意とするのに対し、志村の笑いは言葉だけではなく、動きや形態でも笑わせるため、言葉のわからない外国人でも「面白い」と感じたからでした。

志村は、タモリやビートたけし、さんまと違って、トークで勝負する気はありませんでした。ましてや、たけしのように、俳優や監督をするつもりもありませんでした。代わりにコントに関しては、彼らに負けないという自負を持っていたのです。「自分の不得意なところに行くより、得意なところで勝負したほうが勝ち目もある」と、志村は考えていたのでした。

WORDS OF KEN SHIMURA 24

完成はない。だからこそ続けられる

100点が取れるまではやろうと思うんですけども、100点は、絶対一生取れないと思うんですよ。

▼『志村けん　わたしはあきらめない』

志村けんは、他のお笑い芸人と違って、番組のMCやコメンテーターといった仕事はほとんどやっていません。映画『鉄道員（ぽっぽや）』に、炭鉱夫役で出演して、見事な演技を見せてはいますが、いかりや長介のように、役者がメインになることはありませんでした。

「ひとつのことがちゃんと完成したと自分で思えるまでは、他に手が出せない不器用な人間なんで」と理由を挙げていますが、それほどに、志村にとってお笑いは完成のない、一生やり続けるものだったのです。

もちろん、時には「もういいじゃん、今日は100点つけようか」という日もあったと言いますが、志村はこうも話しています。

「そういうようなコントもありますけど、たぶんそれは、見てるほうが100点くれませんからね。だから、ずーっとやるしかないんですよね」

自分の評価と他人の評価は、時に食い違うことがあります。たとえ志村が100点と思っても、見ている方はそうではないこともあれば、見ている方が100点でも、志村は納得できないこともあるでしょう。志村にとってお笑いは、一生をかけるに値するものでした。

WORDS OF KEN SHIMURA 25

本当に好きなら努力を簡単に諦めるな

天才なんて、どこにもいない。
努力できる人間が天才なんだ。
でも最近は、その前にやめちゃう人が、
あまりに多いんだよ。

▼『変なおじさん』

勉強でも、仕事でも、スポーツでも、「努力」の大切さを否定する人はいませんが、「では、どれだけ努力すればいいのか」については、人によって考え方が違ってきます。

夢を目指したからといっても、誰もが実現できるとは限らないだけに、「努力は、必ずしも報われるとは限らない」と言う人もいれば、「結果の出ない努力は、努力とは呼ばない」と言い放つ人もいます。

志村けんは、子どもの頃からお笑い番組が好きで、「気がついた時には、お笑い芸人になろうと考えていた」と言うほど、やりたいことがはっきりしていただけに、早くからそれに向かって努力を続けてきたという自負があります。

もちろん、その間にはドリフターズの正式メンバーになったものの最初はまったく受けないといった辛い時期もありましたが、それでも自分が好きで選んだ道だからと、とことんやり続けたことが、成功へとつながったのです。もし「受けないから」と努力を放棄していたら「志村けん」は誕生していませんでした。

成功者の多くは「努力の天才」ですが、今の時代、「その前にやめちゃう人が、あまりに多いんだよ」と、志村は嘆息します。

WORDS OF KEN SHIMURA 26

ブームはすたれるもの。長く愛されるものを目指せ

「流行ってるんですよ」と言われたら、じゃあそのうちすたるんだろう、というくらいの気持ちでしかない。

▼『変なおじさん』

歌の世界でも、お笑いの世界でも、「一発屋」と呼ばれる人がいます。特にお笑いの世界には、1つのギャグが爆発的にヒットして、1年くらいは「あの人の顔を見ない日はない」というほどであっても、ブームが去るとあっという間に「あの人は今」的な扱いになる人が、毎年のように出てきます。

こうしたブームに関して、志村けんは冷ややかに見ていました。

「多少若い人がでてきても、それはほんの一部分のブームであってね。ブームになるのは怖いですよ。上がったとしても、どうせすぐに下がるのはわかっていることだし」

志村自身、「東村山音頭」で大ブームを起こして以降、幾度ものブームを経験しているだけに、周囲から「『流行ってるんですよ』と言われたら、じゃあそのうちすたるんだろう」と考えていました。

一時のブームや流行は、時が経てばすたれ、忘れ去られるのに対し、時間をかけてつくり上げたものは、長く愛され続けます。一時的に流行するものはつくれても、何十年と愛されるものをつくるのはとても難しいことですが、志村はそれをずっと目指していました。

WORDS OF KEN SHIMURA

27

原点に戻ると何をすべきかが見えてくる

「仕事に悩んだ時にどうするか？」「ネタに詰まった時にどうするか？」というと、とにかく原点に戻るということに尽きる。

▼『志村流 遊び術』

仕事をしていると、スランプとは言わないまでも、ネタに詰まったり、悩む瞬間もあるはずですが、そんな時、志村けんが心がけていたのが「原点に戻る」ということです。

音楽であればザ・ビートルズです。志村は中学の時にビートルズのファンになり、高校二年生の時には、日本武道館での来日公演も見に行っています。コントの原点は※ジェリー・ルイスです。高校一年生の時にジェリー・ルイスの映画を見て、セリフではなく、体の動きだけで笑わせるのが楽しく、動きや表情を真似したほどです。


「自分自身にとっての規範、そこに帰ることで、なぜか不思議な力を貰ったような気がしてくる」と、志村は原点に戻る効用を話しています。人間関係に関しても、志村は原点に戻ることが大切だと考えていました。人間関係がこじれたら、「あいつとの出会いは、なんだったっけ?」という原点に戻り、当時と同じ目で見れば、不思議と腹も立たなくなると言います。

原点に戻ることとは、「素の自分」に戻り、何者でもないけれど、目標に向かってひたむきに努力していたかつての自分を取り戻すことでもあるのです。

※ジェリー・ルイス…1926〜2017年、アメリカ合衆国の喜劇人。スラップスティックなユーモアが持ち味で一時代を築いた。

WORDS OF KEN SHIMURA 28

自分らしく信念を持って生きていこう

ずっとカッコ悪い生き方していて、
それが20年続いたら、
むしろそれは十分カッコイイことで、
評価すべきなんだと思うよ。

▼『志村流』

人生100年時代に向かい、よく言われることの1つが「人間の寿命は、企業の寿命より長くなった」です。仕事も、かつてのように、学校を卒業して定年まで1つの会社で働き続けることは難しくなっています。難しいというよりも、むしろ1つの会社にずっとしがみつくよりも、能力を向上させて転職してキャリアアップする方が自分を生かせる生き方と考える人も増えています。

志村けんが、独立を考えている人に向け、用意した3つの質問があります。①独立するなら何をしたいか、すぐ答えられるか？ ②これだけは自信がある、という特技はあるか？ ③他人から「ちょっと変わってるね」と、よく言われるか？

「なるほど」という質問ばかりですが、この3つの中で1つでも「ノー」があれば、独立するのはやめたほうがいいんじゃないか、というのが志村の考えでした。

ただし、志村は独立や転職でカッコ良く生きろと言っているわけではありません。たとえ給与は下がっても、好きな道に進むのがいいし、「今の会社にいるしかない」ならいればいいのです。どんな生き方も、信念を持って続けたなら十分カッコイイというのが志村流の見方です。

WORDS OF KEN SHIMURA 29

出過ぎると飽きられる。出ないと忘れられる

「飽きられず、忘れられず」、これがキャラクター・ブランドを長期にわたって維持していくための戦略。

▼『志村流』

志村けんが、初めて「バカ殿様」を演じたのは1986年のことです。「一番偉い奴が、こんなにバカだったらどうなっちゃうんだろう」という発想から生まれたキャラクターですが、以来、2020年に亡くなるまで、テレビで演じ続けました。ファンも多く、ナインティナインの岡村隆史などは、志村の生前、「バカ殿様の2代目を襲名したい」と言っていたほどです。

これほどに多くの人に愛されたキャラクターですが、実はテレビでの放送は、1年のうち2回見られるか見られないくらいだったといいます。理由は、「見たいけど、たまにしかやっていない」という、放送回数を、腹6分目くらいの満腹感というか、空腹感に抑えたことと、「見てみたいなあ」という欲求を少し残したから、というのが志村の戦略です。

押す時には押して、ある程度のイメージを確立したら、引く時は引いてお客さんに飽きられないようにします。「飽きられず、忘れられず」という絶妙なコントロールがあったからこそ、つくり上げたキャラクターを、長期にわたって維持していくことができたのです。テレビの世界をよく知る志村だからこそできたことでもあったのです。

WORDS OF KEN SHIMURA 30

トップでなくていい。続けることに価値がある

オレの基本は、昔から、二番手、三番手狙い。

▼『志村流』

志村けんは、『全員集合』において「東村山音頭」で大ブレークして以来、お笑いの世界では先頭集団を走り続けていました。かといって、「テレビで志村けんの顔を見ない日はない」というほどの露出はしていません。最近では、売れっ子になると「レギュラーだけで十何本」という露出の多さを誇る人もいますが、志村はあえて露出を抑えていました。テレビは出ないと忘れられますが、「出過ぎると飽きられちゃうからね」という理由からです。

志村は「テレビって、売れている時は優しいけど、視聴者から飽きられたと判断したら冷たいもの」だということを、「よーく身に染みてわかっている」だけに、長く「的を絞って露出」するように心がけていました。一番になってしまうと、一番を取るのが当たり前と思われてしまって、それがプレッシャーになります。二番手、三番手なら、「次にがんばってください」と、次への期待をかけられます。

「ガムシャラに、トップスピードで瞬間的に走り去る人生もありだと思うけど、マイペースで、そこそこの位置でずーっと走り続ける」というのが志村流の「継続は力なり」の考え方でした。

WORDS OF KEN SHIMURA 31

生涯、一コメディアン

理想は舞台をやってて、ガンガン笑わせて。
緞帳《どんちょう》が下りてさ。
スタッフが「お疲れさま」というときに
死んでいたいよね。

▼『ドリフターズとその時代』

新型コロナウイルスの感染拡大への危機が報じられ始めた２０２０年、志村けんがこのウイルスに伴う肺炎で3月29日に亡くなったことは、日本中に衝撃を与えました。２月20日には古希の誕生日を迎え、週に２本のレギュラー、同年12月公開予定の初の主演映画『キネマの神様』のクランクインを直前に控えるなど、バリバリ活躍《かつやく》していただけに多くの人が驚き、その早すぎる死を惜しみました。

２００４年、志村は自らの最期について、こう語っていました。

「理想は舞台をやってて、ガンガン笑わせて、最後の寝るシーンで拍手でワァーッとなったときに緞帳が下りてさ。スタッフが『お疲れさま』というときに死んでいたいよね」

役者や芸人の中には、「板（舞台）の上で死にたい」と、舞台への愛着を口にする人も多く、志村も同様に、生涯現役を目標にしていたのでしょう。

テレビの世界には次々と若手が登場しますが、志村はそんな若手に対して、嫉妬も恐れも感じていませんでした。「コメディアンと呼ばれる人は出てきてない。彼らは芸人さんでしょ」と言う志村は、コメディアンとして生き、コメディアンであり続けたいと願っていたのです。

WORDS OF
KEN SHIMURA

第三章

人間関係の築き方

WORDS OF KEN SHIMURA 32

人間関係も一方通行ではなく対面通行で

自分の利ばかりの目で相手を見るだけでなく、自分は相手にとって得になるのか、という、自己の価値を改めて認識しておいた方がいい。

▼『志村流 遊び術』

志村けんによると、「遊び仲間」と一口に言っても、関係については2つに分かれます。1つは、利害関係を一切無視した関係。そこでは、お互いに愚痴を言ったり、聞いたりして、困っていると聞けば、利害抜きで手を差し伸べます。

もう1つが、利害関係がベースにあるものです。「何かで使えるから、とにかく関係を切らさないようにしよう」という、いわば「顔つなぎの関係」の上に成り立っています。

志村は、後者の顔つなぎの関係について、付き合いにはメリット、デメリットの両面があると理解はしていますが、こうした関係では、「自分の利」ばかりを優先させていると、逆に「相手からは『あなたのほうこそ何かで使えます?』という見方をされているかもしれない」と考えた方がいいと話しています。

自分が得するかどうかだけの人間関係は、相手もそれを見透かしてしまいますから長続きはしません。片方だけがガツガツ過度の期待を寄せる関係ではなく、お互いの信頼が同じようであれば、本当の意味で何かあった時でも、手助けを頼める良い関係を保つことができます。人付き合いも、一方通行ではなく、対面通行でいきたいものです。

WORDS OF KEN SHIMURA 33

怒っても解決しないことには、怒らない

怒ってもお前が困るだけで、
何も解決しないだろ。

▼『わが師・志村けん』

問題が起きた時、必要なのは「責任追及」よりも「原因追及」というのは、ビジネスの世界で言われることですが、志村けんは、付き人だった乾き亭げそ太郎のある大失態に対し、一切怒らなかったことがあります。

げそ太郎が付き人になって4年くらい経った頃、志村が川上麻衣子や上島竜平と、スウェーデンへロケに行ったことがあります。その時、げそ太郎は志村の財布やパスポートの入ったバッグをタクシーに忘れてきてしまいます。朝になって気づいたげそ太郎は、慌てて志村たちが朝食を食べているレストランに行って報告します。怒鳴られ、殴られることさえ覚悟していましたが、志村は「しょうがねえなあ」の一言だけでした。

バッグは、スウェーデンで暮らした経験がある川上の尽力で戻ってきましたが、後日、げそ太郎が「どうして怒らなかったんですか」と尋ねると、志村は「怒ってもお前が困るだけで、何も解決しないだろ」と答えました。

志村は言えば直せることに対しては厳しく怒りますが、怒ったからといって何も解決しないことを怒ることはありませんでした。志村には、そんな懐の深さがありました。

WORDS OF KEN SHIMURA 34

負のオーラに気をつけろ

仲間から声をかけられなくなったら、
何か身の回りに原因がないか
一度疑ってみることだ。

▼『志村流 遊び術』

志村けんによると、宴会やゴルフなどの集まりに、「とにかく、あいつは呼ぼう」と、最初に声をかけられる人（お呼ばれモテ男）が、ある日を境にお呼びがかからなくなり、かけたくもなくなる存在に変わることがあるといいます。

そのきっかけの一つが、結婚した奥さんやパートナーにあります。お呼ばれモテ男ともなれば、その人がいるだけで場が和み、雰囲気が盛り上がるうえに、性格もすこぶる良いわけですが、奥さんやパートナーの性格が悪かったり、負のオーラを出してしまうと、奥さんやパートナーに気の毒になるほど気を遣うため、いつの間にか仲間付き合いも悪くなり、かつての仲間も何だか気の毒になって声をかけなくなってしまいます。

反対に、人付き合いの良い夫の性格に、奥さんやパートナーの性格の良さが加味されると、お呼ばれモテ男の人望はさらに高まります。それが遊びだけでなく、仕事での人望にもつながっていくだけに、「遊び仲間なんて気にしなくていい」とは言えません。原因は奥さんやパートナーだけと限りませんので、「仲間からお呼びがかからなくなったら、何か身の回りに原因がないか疑ってみることだ」が志村からのアドバイスです。

WORDS OF KEN SHIMURA 35

チームワークこそが最高の笑いを生み出す

グループの笑いというのは、
全員の仲が良くないとうまくいかないない。

▼『変なおじさん』

関西のお笑い芸人が、どちらかというと、「自分が、自分が」と一人だけ前へ出ようとするのに対し、ドリフターズは元々がコミック・バンドということもあってか「チームワークの笑い」を大切にしたといいます。

芸人である以上、誰もが「自分が一番受けたい」という気持ちは持っているものですが、ドリフの笑いは、「今回のコントはあいつが受けるはずだから、そのために自分たちはこの役割をきちんとやろう」という、仲間意識が強かったといいます。志村けんがドリフに加入した時も、メンバーは山中湖で5日間の合宿などを行っています。メンバーは八畳二間にスタッフと一緒に雑魚寝《ざこね》をしながら、楽器の練習をしたり、ネタを出し合ったり、時にはマラソンをして身体も鍛えています。

理由は、「ドリフの唯一の財産はチームワーク」という考えからでした。5人がお互いの呼吸を知っているからこそ、間やリズムで受けることができるのです。志村によると、「コントの出来を決めるのは総合力」であり、「全員の仲が良くないとうまくいかない」ものなのです。本物のチームワークこそが、最高の笑いを生み出すのです。

WORDS OF KEN SHIMURA 36

人はいくつになってもほめられたい生き物である

ほめ言葉は重要なコミュニケーションだ、とオレは思っている。

▼『志村流』

仕事をするうえで「ほめると叱るは車の両輪」と言われますが、できることならほめられたいし、ほめられて悪い気はしないのが人間というものです。「ほめ言葉は重要なコミュニケーションだ」と考える志村けんは、どんな人でも、どこかしら良いところがあったり、感心することをしたりするだけに、そんな時には素直にほめてあげるように心がけていました。

志村によると、外見に始まって、心や性格、仕事の内容や質など、ほめるところはいくらでもあります。ただし、間違えてはいけないのは、相手の関心を引こうと、心にもないことを言うことです。それは「ほめ言葉」ではなく、単なるおべっかやお世辞になってしまいます。相手に見透かされるのは当然で、言った本人の評価を下げるだけになってしまいます。

そして、そんな志村自身も「もっとオレをほめろ」と思うこともありました。ある日の収録後、誰もほめてくれないので、「どうして何も言ってくれないんだ」と聞いたところ、「志村さんなら、それくらい当たり前だから」と言われてカチンときたといいます。人はいくつになってもほめられたいし、ほめられることでレベルアップする生き物なのです。

WORDS OF KEN SHIMURA 37

いつ何時も周りの人への配慮を忘れるな

自分が心地よい気分でいられるためには、
それと同じくらい
人にも気を遣《つか》わないといけない。

▼『志村流 遊び術』

志村けんは、お酒が大好きで、タバコも1日に3箱は吸うというヘビースモーカーでした。でも、お酒は静かに楽しむ方でしたし、タバコに関しても、タバコを吸わない人たちへの配慮は決して欠かすことはありませんでした。

「自分だけよけりゃいい、じゃなくて、相手の立場になって考えてみて行動してみたらどうだろう」が、志村の考え方でした。今でこそ公共の場でタバコを吸うことは、喫煙スペース以外ではできなくなっていますし、分煙の考え方も定着していますが、そうした配慮のなかった時代、志村はタバコを吸わない人たちに混ざって自分がタバコを吸う場合、窓を自発的に少し開けたり、人に煙の流れが行かない風向きに座るという気遣いを大切にしていました。

こうしたほんの少しの心配りをすることで、タバコ嫌いの人も「まあ、しょうがないか」と大目に見てくれるので、気持ちよく吸うことができるのです。仕事でも遊びでも大切なのは、自分のことだけでなく、相手のことや周りの人の気持ちにしっかりと配慮することです。自分がしっかりと気を遣うことで初めて自分自身も心地よい気分で過ごすことができるのです。

WORDS OF KEN SHIMURA

38

時に過去を振り返り
人生の指針を見つけよう

未来を確実にするために、
過去を振り返ってみる。
これが大切。

▼『志村流』

「温故知新」（故《ふる》きを温《たず》ねて新しきを知る）という諺《ことわざ》があります。過去に学んだことや経験したことをきちんと振り返ると、これからの自分の指針となることを新たに見つけられるというのはよくあることです。

志村けんは、自著『志村流』の中で、それまでの52年の人生を振り返り、「いろんなことが見えてきた」と書いていいます。それ以前の志村は、新人の放送作家や共演の若手芸人に対して、「オレと同じ土俵に上がって来いよ」という気持ちで、一生懸命にアドバイスをしていました。コントづくりには、みんなの力と協力が欠かせないだけに、全員を水準以上に引き上げようと夢中になるあまり、「何で、わかんないのかなぁ」と、青筋立てて話すこともしばしばでした。

しかし、ある時、人にはそれぞれの力量があり、考え方もあるのだから、それぞれが自分のできる範囲で一生懸命がんばってくれればそれでいい、と思えるようになったといいます。それ以来、志村はあまり腹を立てることがなくなります。

過去を振り返ると、人生で大切なものと、そうでないものとが見えてきます。そしてそれが、より良い未来を開いてくれるのです。

WORDS OF KEN SHIMURA 39

自分の好きなことをやるためには我慢も必要だ

まず忍耐。
それから心をこめてやっていれば
いつかは通じる、
わかってくれるってこと。

▼『ドリフターズとその時代』

志村けんが好きだった言葉の1つに「忍耐」がありました。

志村は、『志村けんのバカ殿様』や『志村けんのだいじょうぶだぁ』など、自分の名前を冠した番組をいくつも持っていました。いわゆる座長であり、まさに「志村でもっている番組」だけに、そこではワンマン的に振舞うこともできたはずですが、意外にも志村は、リーダーには「まず忍耐」が必要だと話しています。

志村によると、コントは1人ではできず、スタッフや共演者の協力、良きチームワークがあって初めて面白いものができます。当然、志村は厳しい要求もしますが、それだけではうまくいきません。そこで、こう話しています。

「自分が好きなことを自由にやれるようになるためには、かなり我慢しなきゃいけないことが多いと思う。だから、自分がこうしたい、こうしてほしいという時も、僕の場合は、わりと自分を抑えながら頼んだりすることが多い」

何度かは人を権力や権限で動かすことができても、いつまでも続くことはありません。みんなの理解と納得を得て最高のチームをつくるには、忍耐が欠かせないのです。

WORDS OF KEN SHIMURA

40

心があれば、「心ない言葉」を投げつけることはない

僕は心のない人間が一番嫌い。

▼『変なおじさん』

志村けんは、好きな言葉として、「忍耐」「努力」「心」を挙げています。

自分が本当にやりたいことをやるためには、何を置いても努力が欠かせませんが、当然それは簡単なことではないだけに、途中で投げ出すことなく、忍耐強く、そして努力し続けることで、初めてやりたいことができるようになります。

もう1つの「心」については、人と付き合う際に一番大事なものと考えていました。

自分がやりたいことをやるためには、自分だけでなく、周りの協力が欠かせませんが、その際に必要なのは「心をこめて話す」ことであって、心をこめて言った言葉は相手に必ず伝わるというのが、志村の信念でした。また、心のある人なら、自分が言われたら嫌だなと思うことを、相手に対して言うことは決してありません。

一方で、志村は「心ない言葉」を嫌っていました。相手に対する思いやりがないからこそ、想像力が足りないからこそ、相手のことを考えもせずに「心ない言葉」を投げつけてしまうのです。志村はそんな「心のない人間」とは、仕事でもプライベートでも絶対に付き合いませんでした。

WORDS OF KEN SHIMURA 41

「期待通り」ではなく「期待を上回る仕事」をしよう

相手が考えていることの一歩先まで
神経を回すことができて、
初めてまともな仕事といえる。

▼『変なおじさん』

仕事で他者と差をつけるためには、「期待通りの仕事」だけではダメで、「期待を上回る何か」があってこそ、初めて高い評価を得ることが出来ます。

志村けんは、コントのアイデア出しや構成などを自分でやっていましたが、そんな志村のアイデアをきちんと台本に落とし込むのが、放送作家の仕事です。『加トちゃんケンちゃんごきげんテレビ』の頃は放送作家が何人もいて、アイデア出しもしたりしていましたが、「どうもだめだった」といいます。

志村が説明したことを理解してくれないことがよくあったのです。そのため、ポケットマネーで放送作家の朝長浩之を専属として抱えるようになりますが、朝長の良さは「プラスアルファのことまで書いてくる」ところにありました。

志村のアイデアを元に台本を書くわけですが、そこに「こんな言い方もできます」「もしかしたら、こんなこともできます」という、「相手の考えていることの一歩先」まで書かれていた台本が来ることを、志村は高く評価していました。

指示通りに仕事をするのはあたりまえですが、「もっと上手にやる、＋αの知恵」をつける工夫を重ねることで仕事の質も上り、評価も高まっていくのです。

WORDS OF KEN SHIMURA 42

「いい男」よりも「良い男」を目指したい

もしオレが芸能人でなかったとしても、この歳になれば「良い顔してるね」とは言われたいな。

▼『志村流 遊び術』

「ある年齢以上になれば、自分の顔はもはや名刺と同じ意味を持つ」というのが、志村けんの考え方でした。なかには定年から何年も経つにもかかわらず、聞かれもしないのに「元は○○企業に勤めていた」とか、「肩書きは○○だった」と口にして、「過去の名刺」に頼ろうとする人もいますが、志村は「そもそも名刺にバリューを託しているようじゃ考えものだね」と言い切っています。

では、「名刺」を持たない代わりに何を差し出すのかというと、「いい年輪の刻まれた味のある顔つき」を、というのが志村の理想でした。性格の悪い人というのは、どんなに高級な服を着て、高価な時計やアクセサリーなどで飾り立てたとしても、「性悪な顔つき」を隠すことはできないものです。反対に、正直に生きてきた人というのは、顔に穏やかさや優しさがあり、周りの人をほっとさせてくれます。

「いい男」というのは、ハンサムで女性にモテる男性のことですが、志村が目指していたのは「良い男」であり、周りから「良い顔してるね」と言われることでした。氏素性《うじすじょう》にかかわらず、顔にはその人の人柄、人間性が自然と表れてくるものなのです。

WORDS OF KEN SHIMURA

第四章

努力の仕方

WORDS OF KEN SHIMURA 43

下積み時代の生き方がその後の人生を左右する

ただ漫然と付き人をやっていたわけじゃないんだ。

▼『変なおじさん』

志村けんは、高校3年生の2月にいかりや長介の付き人になり、24歳の時にドリフターズの正式メンバーになっています。経歴だけを見ると、付き人をやっていたお陰で正式メンバーになり、大スターになることができたと思われがちですが、志村自身は「長く付き人をやっていれば、デビューできるという世界じゃない」と明言しています。

志村は元々メンバーになりたくて付き人になったわけではありません。付き人として3年くらい修行して、その後は自分でコンビなりグループを組んでコントをやろうと考えていました。そのため、付き人としていかりや長介やメンバーの用事を忙しくこなしながら、自分でコントの台本を書いていました。そして、メンバーが集まっている所に、同じ付き人仲間と一緒に行って、「見て下さーい、(自分のつくったネタを)発表しまーす」とやっていました。

志村によると、ただ漫然と付き人をやっているだけではダメで、その間に、自分で考え、自分で何かをしない限り、誰も認めてはくれないのです。

表には出ない時代、報われない時代に、「何を考え、何をやるか」が、その後の人生を左右するのです。

WORDS OF KEN SHIMURA 44

時間がないことをできない言い訳にするな

お前は今まで何をした?
「自分の時間がない」なんて言い訳でしかない。
やる奴はどんな状況でもやる。

▼『我が師・志村けん』

志村けんの弟子を長く務めた乾き亭げそ太郎は1日24時間、365日、志村に付いていました。芸人になりたくて付き人になったにもかかわらず、自分の時間がなく、「このままでは芸人になれない」と思い詰めたげそ太郎は、付き人として3年が過ぎた頃、志村に「付き人をあがらせていただきたいのですが」と申し出ます。答えは「ダメだ」でした。

理由は、「お前は芸人になるために何をやった？　何もしていないだろう」でした。志村は、ドリフターズの付き人時代、同じように時間がない中でも、懸命に台本を書き、時にスタッフたちの前でコントを披露していました。その結果が、ドリフターズのメンバー入りにつながるわけですが、げそ太郎は何もしていませんでした。

たしかに、げそ太郎に「自由な時間」はありませんでしたが、「スキマ時間」はいくらでもありました。その間、何もしていなかったことに気づいたげそ太郎は、以来コントの台本を書くようになり、スタッフの前でネタを披露しました。「時間がない」は、ただの「やらない」ための言い訳です。志村が言うように、やる人はどんな状況でもやるし、そこから結果につなげていくのです。

WORDS OF KEN SHIMURA

45

人と同じことをしていては生き残れない

僕だってなんとか生き残ろうと思って、人が遊んでいる時は一緒に遊んで、向こうが酔っ払って寝ている間に、こっちは寝ないでお笑いの勉強をしてた。

▼『変なおじさん』

志村けんのお酒好きはよく知られていました。仕事が終わると、スタッフや後輩の芸人と一緒にお酒を飲みに行き、二次会、三次会と、遅くまで飲むのが志村の日常でした。

普通、遅くまでお酒を飲んでいれば、家に帰ったら寝るだけだと思われがちですが、志村は若い頃から、どんなに飲んで帰っても、必ず1本は映画を見ることを習慣にしていました。それも、ただ漫然と見るのではなく、仕事に使えるものはないか、ヒントになるものはないかと考えながら見るため、気がつけば朝になっていることもしばしばでした。

ほかにも時間があれば、音楽もたくさん聴きましたし、毎朝、ニュースも見て、新聞も隅々まで読んでいたといいます。そして、コントのネタも自分で考えました。なぜ、そこまでしたのでしょうか。

理由は、「人と同じことをしていたら、生き残るのは難しい」からでした。

人が遊んでいる時には一緒に遊び、人と飲んでいる時は一緒に楽しく飲みました。しかし、相手が酔っ払って寝ている時には、寝る間を惜しんでビデオを見ながらコントのネタを考えていたのです。寝るか、勉強するか。この差が大きな差を生むことになるのです。

WORDS OF KEN SHIMURA

46

人を批判する暇があれば努力しろ

ものには順番がある。
人のことをとやかく言う前に、
まず自分がセットをつくってもらえるように
努力しろって。

▼『変なおじさん』

芸能界に限らず、他人の成功を見て、「あいつはいいよな」とうらやみ、「あいつは特別扱いされているから」などとやっかむ人がいます。

今の時代、コント番組が減ったのは、大掛かりなセットを組むことが、お金の関係で難しくなってきたからと聞いたことがありますが、そんな時代でも、志村けんは常にきちんとしたセットを組んでコントをやり続けていました。そんな志村に対して、「志村さんはいいですよね、セット組んでもらって」と言う人たちがいたといいます。自分たちがうまくいかないのを「人のせい」にしたり、「あいつはいいよな」と、人をうらやましがっている人たちです。

そんな声に対し、志村は「じゃあ、お前らがセットを使っておもしろいことができるのかといえば、絶対できっこない、急には」と思っていました。セットがあるから面白いのではなく、セットを使って面白いことができるからこそ、セットを組んでもらえるのです。ものには順番があります。人のことをあれこれ言う暇があれば、まず自分たちが努力して、面白いことができるようにします。その努力があってこそ、セットも組んでもらえるのです。

WORDS OF KEN SHIMURA 47

苦労さえも楽しめる人であれ

付き人の頃は、まあ、苦労といっても、
自分の好きなことですからね、
だから別にそんな苦労とは思わないです。

▼『志村けん　わたしはあきらめない』

志村けんは、1968年にドリフターズの付き人になり、74年に24歳で正式メンバーになっています。高校の卒業式をあわただしくすませて付き人として生活を始めました。主な仕事は、当時はコミックバンドのようだったドリフターズの楽器の運搬やセッティングなどです。寝台車で移動する際には、志村たち付き人の寝台に楽器を積み、自分たちは楽器が盗まれないように起きていなければいけませんでしたし、列車の停車時間が1分、2分と短い時には、その間に楽器の積み下ろしをするのですから大変でした。

給料は、小遣い程度の5000円で、そこから源泉が引かれて、手取りは4500円程でした。これでは、さすがに満足に食べることもできません。志村によると、メンバーが出前を取ったラーメンの残りをかき集めて、付き人で分けて食べたり、具のない塩むすびだけだったり、そんな生活だったといいます。

当時を振り返って、志村は「辛いのと、お金がないのと、ひもじいのと…」と振り返りながらも、「むしろ楽しんでた」と話しています。苦労は苦労でも、好きなことのための苦労なら「別にそんな苦労でもない」と、志村は苦労さえ楽しんだのです。

WORDS OF KEN SHIMURA 48

モノマネを徹底した先にオリジナルが生まれる

何をやるにしても、
うまくなるための一番のコツはモノマネだ。

▼『我が師・志村けん』

芸能の世界には、「守破離《しゅはり》」という修行の段階を示す言葉があります。「守」は、師匠の教えや型を忠実に守り、身につける段階。「破」は、他からも良いものを取り入れ、既存の型を破る段階。「離」は、独自の新しいものを生み出し、確立させる段階ですが、志村けんにとっての「守」は、「モノマネ」でした。

若い頃から、人間観察が好きだった志村は、自分が面白いと思った人の言い方や表情、話の「間」などを徹底的に真似ることこそが、自分独自のスタイルをつくるうえで効果的だと考えていました。たとえば、志村のコントに出てくる「ひとみばあさん」は、「ひとみ」という居酒屋のおばあさんがモデルでしたし、「デシ男」は、志村の付き人がモデルでした。そして「だいじょうぶだぁ」は、志村の兄の奥さんの実家がある福島の人たちの口癖を真似たものでした。

「自分が面白いと思った人の言い方、表情、話の『間』を真似てみろ。最初はモノマネでも、いつかそれが体に沁み込んでオリジナルになる」

最初はモノマネでも、真似をとことん徹底した先に、オリジナルが見えてくるのです。

WORDS OF KEN SHIMURA

49

適性を知りたければ
マネをしてみよう

マネの効用の第一は、
自分の適性をふるいにかけることが出来ると
いうことだ。

▼『志村流』

志村けんは、お笑いに限らず、仕事でも「マネ」からスタートすることが上達のコツだと考えていましたが、マネにはもう1つ「自分の適性を知る」という効用もあると話しています。

志村は、中学・高校とビートルズの大ファンで、一生懸命にギターの練習に励んだことがあります。のちに有名になるバンドの多くも、最初の頃は好きなバンドのコピーからスタートするように、志村もマネをしてみたものの、あまり上手くはいきませんでした。音楽に関する才能は自分にはないことを知った瞬間でした。

一方、高校時代に見た大物喜劇役者ジェリー・ルイスの映画に影響され、顔の表情や細かい動きをマネしたところ、結構うまくできて、自信を持ったことが、志村をお笑いの世界へと踏み出させています。志村は言います。

「マネして出来なきゃ、それは才能がない証拠。悲しいけど、自分自身にケジメをつけることも大切だ」

上手にマネができるということは、自信につながります。自信は、「この道を目指そう」という強い意志を生み、意志があるからこそ、いい仕事ができるのです。

WORDS OF KEN SHIMURA 50

自分から動けば何かが始まる

やりたいことが見つからないと嘆く前に、いろんなことをやってみたらいい。

▼『変なおじさん』

世の中には、「やりたいことが見つからない」と嘆く人が少なくありません。あるいは、「やりたいことをやらせてもらえない」と言う人もいます。

こうした時に避けたいのが、頭の中であれこれ考えても、一向に行動に移らないことです。志村けんは、「やりたいことが見つからない」と嘆く若い人に、「世の中というのは、自分が動かないことには、絶対に何も起こらない」と、アドバイスしています。

何も行動せず、ただチャンスを持つだけの人の所に、「これをやってみませんか?」と、やりたいことを持ってきてくれる人は絶対にいません。そんな時には、「いろんなことをやってみたらいい」というのが志村の考え方です。実際にやってみて、少しでも「これはできそうだ」「これは面白そうだ」と興味をひかれたら、それをがんばってやってみればいいのです。あるいは、最初はあまり興味がなかったとしても、やっているうちにうまくなり、うまくなると面白くなって、一生懸命やろうという気になるものです。

やりたいことができるようになるためには、まずは動いてトライすることが大切なのです。

WORDS OF KEN SHIMURA 51

人生は不公平だが、努力だけは怠るな

ずっと恵まれているように見える人は、全員必ず努力している。

▼『志村流 遊び術』

「親ガチャ」が話題になるように、世の中には生まれた時から恵まれている人もいれば、不幸な厳しいスタートを余儀なくされる人もいます。では、恵まれたスタートを切った人が、いつまでも恵まれているのかと言えば、必ずしもそうではありません。

志村けんは高校の卒業式をすませてすぐ、芸能界にとび込み、以来、第一線で活躍してきただけに、さまざまな人生を見てきました。多少の浮き沈みはあったとしても、若い時からずっと恵まれている人もいます。あるいは、一発屋的に急上昇したものの、その後、急降下する人もいます。若いときはパッとしなかったものの、人生の後半になって脚光を浴びる人もいれば、ずっと恵まれないままの人もいます。その意味では、「人生は不公平」だし、「人生のゲームには、一定の法則はない」わけですが、志村によると1つだけ言えるのは、「ずっと恵まれているように見える人は、全員必ず努力している」ということです。

「親の七光り」で順調にスタートしても、その後も順調であるためには、本人の努力が欠かせません。人生は不公平ですが、努力だけは決して怠ってはならないのです。

WORDS OF KEN SHIMURA 52

自分に投資して自分の価値を高めよう

貯めようと思う人は、給料の半分を貯金する。
それが出来ないなら、いっそのこと全額を
自分の商品価値を高めることに費やして、
自分自身の値段をアップさせる。

▼『志村流』

貯金の基本は、「残ったら貯金しよう」ではなく、「貯金をして、残ったお金で生活する」というのは、昔から言われていることです。どれだけの金額を貯金するかは、収入や生活レベルにもよります。「4分の1」と言う人もいれば、「3分の1」と言う人もいますが、比率はともかく、そうやって貯めたお金が「種銭《たねせん》」となり、起業や商売の元手、株式投資へとつながっていくことになります。

志村けんにとっての「種銭」は、コツコツと貯めたお金ではありません。志村の場合、自分自身の発想力や構成力、演技力などが自分の「種銭」だけに、給料の半分を貯金するよりも、その全額を自分に注ぎ込んで、自分の商品価値を高めることが大切だと考えていました。志村は、付き人でお小遣い程度の給料しか貰えなかった頃から熱心にネタを書き、少し売れてからは寄席や劇場に足を運び、たくさんの映画やビデオを見て、笑いの研究を続けました。

投資というと、株式投資などの一攫千金を思い浮かべますが、自分に投資することで、自分を高めていくことも立派な投資です。それがやがて、大きな成功をもたらすことになるのです。

WORDS OF KEN SHIMURA 53

どんなに地味な作業でも面白がれる気持ちを持とう

単調な作業の中にでも「何か面白味を見つけてやろう」という、「地味な中のかすかな楽しみ」を探そうとしていた。

▼『志村流 遊び術』

志村けんは、自分の性格について、「何をやるにしても慎重派だけど、一回やると決めたら、ずっとそれを続けていかなきゃ気がすまないタイプ」だと分析しています。こうした性格に気づいたのは、中学生の頃のアルバイト経験でした。

家が貧しかったわけではありませんが、毎月、決まったお小遣いというものがなかった志村は、中学生の夏休みに、家の近くの顕微鏡をつくる会社で、アルバイトを始めます。四角い形の顕微鏡の台を万力ではさみ、角をヤスリでこすって丸くするという、「地味で、くら〜い仕事」で、働いているのはおじさんばかりでした。

最初は、お兄さんと行ったものの、お兄さんは「つまらないから」とやめてしまいます。一方、志村は夏休み中、朝の8時から夕方の5時まで、休まずやり通しました。給食費が月300円の時代、日当は500円でしたが、何に遣ったのかは覚えていないといいます。その後も志村は、休みのたびにいろいろなアルバイトを経験していますが、単調な作業の中でも、「地味な中のかすかな楽しみ」を見つけることで、途中で放り出すことはありませんでした。この性格は、売れっ子になってからも変わることはありませんでした。

WORDS OF KEN SHIMURA

第五章

常識や礼儀があればこそ

WORDS OF KEN SHIMURA 54

人は待つもの 待たせるな

仕事場に遅れて行くと、
その時点でマイナスから
仕事がスタートするような気がして、
僕はすごく嫌なんだ。

▼『変なおじさん』

世の中には、時間にルーズな人がいます。約束の時間に遅れて来ても、「どうもすみません」の一言ですませる人がいますが、志村けんは時間にルーズな人が大嫌いで、待ち合わせの約束をしても、たいてい志村の方が早く来ていました。志村のような大御所や偉い人なら、遅れるくらいでちょうどいいと思っている人もいますが、志村自身は「遅れて来て、人に『ああしろ、こうしろ』と言うのはおこがましい」と考えていました。たとえ、どんなに地位があろうとも、社会人として最低限の「時間を守る」ことさえできない人間が、「何を偉そうなことを言っているんだ」と思われるようではダメで、「決められた時間に来る」というスタートラインにいっしょに並んでいないと、相手と対等な立場で仕事はできない、が志村の心構えでした。

事実、志村の弟子だった乾き亭げそ太郎によると、運転する自分が寝坊をして遅刻した日、タクシーで現場に向かった志村は、収録を終えた後、「何、お前が生意気に遅刻してんだよ！」と、とことん説教されたといいます。遅刻をすると、「すみません」という謝罪から1日が始まります。1日をマイナスから始めることは、志村が最も嫌ったことでした。

WORDS OF KEN SHIMURA 55

良い関係を築きたければ瞬時に人間性を見抜け

オレにとっては、
「人は、見た目と雰囲気」というのが原則。

▼『志村流』

「人は見た目が9割」と言う人もいれば、「人を見た目だけで判断してはいけない」と言う人もいますが、志村けんは、『人は見た目と雰囲気』というのが原則で、その本人のすべてが、着ている物や髪形、顔つきにも表れる」と思っていました。志村によると、ある程度の年齢になれば、身につけている物や雰囲気は、その人の歴史でありアイデンティティです。「男の顔は履歴書」という言葉があったように、顔つきにはその人の性格や生きざまが現われるのです。

志村は、仕事では人を笑わせることが大好きですが、仕事以外の普段着の時は、テレビで見るのとはまったく別人で、無口でおとなしく、「とてもシャイな人」と言われることも多かったといいます。そのため、知らない人に志村の方から積極的に話しかけることはありませんでしたが、代わりに相手が自分と肌が合うか合わないかは、一瞬で嗅ぎ分けることができたといいます。

これから新たにビジネスをはじめようとする人や、新しい人間関係をつくらなければならない人は、人を見抜く直感が大切で、このお陰で志村の周りにはストレスになる人間は少なく、人間関係が円満だったのです。

WORDS OF KEN SHIMURA 56

知らないと損をするが知っていたら損はしない

コントの1本や2本つくれてもダメで、テレビの世界は、とにかく数をたくさんつくれないと役に立たない。そのためには、ムダなことでも何でも知ってた方がいい。

▼『変なおじさん』

志村けんは毎日、新聞を丹念に読み、ニュースも見ていました。どんなに忙しくても、DVDやビデオを見ることも習慣として続けてもいました。理由は「知らないと損をすることはあっても、知ってて損することはないから」です。

志村は、ドリフターズの正式メンバーになる前、23歳の時に「マックボンボン」というコンビで、『ぎんぎら!ボンボン』というテレビ番組にレギュラー出演しています。その話を聞いたいかりや長介は、「持ちネタが少ないままでテレビに出れば、あっという間に潰《つぶ》されてしまう」と激怒しますが、その言葉通り20分ほどのネタが7、8本しかないマックボンボンはすぐにネタがつき、番組も終了してしまいました。

挫折した志村はコンビを解散、ドリフターズの付き人に戻りますが、こうした経験を経て、志村は「コントの1本や2本つくれてもダメで、テレビの世界はとにかく数をたくさんつくれないと役に立たない」と考えるようになります。

お笑いの肝《きも》となるネタをつくり続けるためには、ムダなことでも何でも知っていた方がいい。そんな貪欲さがあったからこそ、志村はテレビの世界の一線で活躍し続けることができたのです。

WORDS OF KEN SHIMURA 57

簡単な儀式で 1日にケジメをつけよう

1日の時間の中で、
何かしら簡単な儀式をつくってみる。
そのことで、平凡な日常の中に緊張感が生まれ、
少しばかり気持ちが引き締まる。

▼『志村流 遊び術』

ある有名なサッカー選手は、試合を終えた夜、鏡の中に映る自分に向かって、「今日、自分はチームのためにベストを尽くしたか？」と問いかけるのを習慣にしていました。また、別の著名人は、朝起きたら、鏡の中の自分に向かって、「今日はいい日だ」と、自分に言い聞かせることを習慣にしていました。

志村けんは、こうした言葉は発しなかったものの、仕事を終え、仲間と飲んで家に帰った後、必ず「おつかれさんの酒」を自分のためにつくっていました。理由は、仕事仲間やプライベートの知り合いと飲んでいても、どうしても気を遣っている自分がいたからです。「あー、今日もいろいろあったなあ、ごくろうさん」と、自分だけのための一杯をつくることが、その日の「ケジメの儀式」だったのです。

時には、そのまま飲まないこともあったといいますが、こうした「何かしら簡単な儀式」を意識的にすることで、ダラーっとした1日にケジメをつけることができるし、緊張感が生まれ、気持ちが引き締まるというのでした。毎日を意義あるものにできるかどうかは、案外こんな何気ない儀式によって決まってくるものです。

WORDS OF KEN SHIMURA 58

人間関係の根底には挨拶と礼儀がある

卓越した才能や能力がなくても、きちんと挨拶が交わせて、礼儀を尊ぶ人は、可愛がられる余地が残されている。

▼『志村流 遊び術』

ある若者が、ネット上の身の上相談のようなコーナーで、「アルバイトの募集に、髪を染めていない人と書いてあるが、そんな条件はない方が多くの人が応募するのでは?」と質問をしていました。それに対する回答者の答えは、「たしかに制限がない方が応募者数は増えるかもしれないが、たとえ数は減っても、制限をつけた方が好ましい人材が集まると企業は考えている」というものでした。

人を見た目だけで判断するのはいかがなものか、という声があるのはたしかですが、一方で見た目や第一印象の良い人は、それだけで余計な警戒感を持たれずにすむというのもたしかです。志村けんは、仕事におけるイロハは、「理屈や理論」ではなく、「礼儀やしきたり」であり、それをすっ飛ばしたら、ビジネスは成り立たないと考えていました。仕事の根底にあるのは人付き合いであり、そこで問題があったり、相手を不快にさせたりするようだと、仕事そのものがスムーズに進まなくなります。

きちんと挨拶ができること、礼儀正しくあること、それが人間関係の基本であり、そこに能力や根性が加わることで、人は成果を上げることができるのです。

WORDS OF KEN SHIMURA

59

常識を知っているからこそ壊すこともできる

常識を知らないと、非常識なことはできない。

▼『我が師・志村けん』

志村けんのコントには、「えっ、そんなことをやっていいの⁉」というおじさんたちが登場することがあります。映画館で隣に座っている女性の飲み物を奪い、ストローに口をつけてブクブク息を吐いたりします。それを見た人は、「えっ」と思いながらも、つい笑ってしまいます。笑える理由は、「お笑いみたいなものでも、常識を知らないと、本当のツボというものがわからない。常識は基本線で、その常識の基本線をひっくり返すところで、コントとして成り立っている。だから、笑えるワケよ」だからです。

コントで非常識なことをやって、笑いにするためには、演じる人間は「常識の範囲をすべて知っておく」ことが欠かせません。実際、普段の志村はコントで演じている時とはまったく異なり、自他ともに認める常識人でした。そのため、時に「オレって、世間的にかなりまともな常識人？」と感心して、ニヤッとすることもあったといいますが、そんな常識人が、常識はずれのことをやるからこそ、見ている人は笑えるし、コントとして成立したのです。ユーチューブなどで見かける非常識な行動の投稿動画が笑えないのは、ベースとなる常識が欠けているからなのです。

WORDS OF KEN SHIMURA 60

「あいつは変わっている」に自信を持とう

流行に敏感じゃないといけないし、
知ってるのはいいことだけど、それに振り回されると、
どんどん他人と一緒になって、
その人らしさが失われてしまう。

▼『変なおじさん』

世の中の流行に敏感で、着ているものや持ち物など、流行をまたたく間に取り入れる人がいます。本人としては時代の最先端を行っているつもりなのかもしれませんが、そこにその人らしさが欠けていると、「流行に振り回されている」だけの人になりかねません。

志村けんによると、何かのブランドが流行すると、みんながそのブランドを身につけるようになるのは、そうしないと自分だけ違うことをしているということへの不安の裏返しなのだと言います。

「流行に敏感じゃないといけないし、知ってるのはいいことだけど、それに振り回されると、どんどん他人と一緒になって、その人らしさが失われてしまう」

ファッションと同じように、生き方も「みんながこうしているから」「みんながやっているから」と、みんなと同じことをするのは楽でいいのですが、それも行き過ぎてしまうと自分らしさを失い、はては個性も失われることになりかねません。一度きりの人生なのだから、周りにただ流されるのではなく、むしろ「あいつは変わっている」と言われるくらい、人生を好きなように、正直に生きてみてはというのが、志村からのアドバイスです。

WORDS
OF
KEN
SHIMURA

61

どんな経験も その後の人生の糧となる

自分が全然知らないものだと、
コントにはできませんよ。

▼「ドリフターズとその時代」

志村けんのコントは、日常を切り取ったものがほとんどでした。「変なおじさん」そのままの人はいませんが、それに近い人はいるし、その行動を身近に感じる人もいるでしょう。マンガやアニメの中では、突拍子もない事件が起こるし、登場人物も人間離れしていることがよくありますが、志村の中にはこうした世界はなく、あくまでも自分が見聞きしたことと、体験したことがベースとなっています。

しかし、志村は高校を卒業する前にドリフターズの付き人になったため、当初は「世間知らずのコメディアンが、人を笑わせられるのか」という不安を感じていました。そこで、1年半が経った頃、志村は「1年間、ほかの仕事をやってみたいので、暇を下さい」といかりやに申し出ますが「そんなもん必要ない」と一蹴《いっしゅう》されます。しかし諦めきれない志村は付き人を辞め、1年間にわたり親戚の会社で働いたり、スナックのバーテンとして働きました。そんな生活をしながらせっせとネタを書き続けました。

1年後、志村はドリフに戻ることができ、加藤茶の付き人として再出発しますが、たとえ1年でも「世間を体験した」ことは、志村の笑いにとって貴重な糧《かて》となったのです。

WORDS OF KEN SHIMURA

62

価値観や常識は変わるもの。時に自分を遠くから見てみよう

自分が持っている価値観や常識が、まだ使えるのか、もうダメなのか、このご時世、だれも教えてはくれない。

▼『志村流』

政治家などでよく見られますが、高齢の、それなりの権力を持つ人たちの中に、時たま「えっ」というような発言を平気でする人たちがいます。世の中の基準から見れば、「それは完全にアウトだろう」という発言なのに、当の本人はそれを当たり前と思っているし、周りから指摘されても、「何が問題なのかわからない」というケースがしばしばです。

背景にあるのは、かつての価値観や常識が、時代の変化によって「時代遅れ」になったにもかかわらず、当事者の頭の中では一向にアップデートされていないからです。いつまでも、過去の常識や価値観を正しいと信じ込んでいるのです。

志村けんは、「時代が変われば、ものさしも変わるし、気を抜けば今のものさしもすぐに規格外になるかもしれない」といいます。世の中の常識や価値観がどんどん変化して、「今は何が正しいのか、価値があるのか、標準なのか、当たり前なのか、だんだんわからなくなっている」と感じていました。そして、何より怖いのは、「自分が持っている価値観や常識がまだ使えるのか、もうダメなのか、だれも教えてはくれない」ことでした。迷ったら、ちょっと遠目に自分を置いてみる、が志村の考え方でした。

WORDS OF KEN SHIMURA 63

知識には常に貪欲であれ

知っていて知らないフリをするのと、本当に知らないのとはまったく違う。

▼『我が師・志村けん』

歌舞伎の世界に、「型があるから型破り、型がなければ形無し」という言葉があります。芸事に限らず、基礎・基本がしっかりと身についた、ちゃんとした知識のある人が、すべてを承知の上でそれを崩すのはいいが、基礎・基本もなく、確固たる知識もない人が、いわば無手勝流《むてかつりゅう》でやるのは、単なる無知になってしまいます。

志村けん演じるコントのキャラクターは、時に非常識な行動をすることもありましたが、それが笑いにつながるのは、志村が「常識の範囲」をすべて知っていたからだと言われています。志村は、映画や音楽に造詣《ぞうけい》が深かっただけでなく、毎朝、ニュースは欠かさず見て、たくさんの新聞にも目を通していました。忙しい日々の中、移動中の車の中でも、新聞などに熱心に目を通す理由を付き人の乾き亭げそ太郎に「誰かと話をしていて、『これ知ってる？』と言われた時、知らなかったら話はそこで終わっちゃうよな。知っていて知らないフリをするのと、本当に知らないのとはまったく違う」と話しています。

知っているからといって得をするとは限りませんが、知っていたからと損をすることはありません。基本となる常識や知識は、多いに越したことはないのです。

WORDS OF KEN SHIMURA 64

便利さを享受するにも知識や教養が欠かせない

社会が便利になるのに越したことはないけれど、「便利さ」というのは、本来それを利用する人たちに、知識や教養や実力があって初めて成立する。

▼『志村流 遊び術』

ネットの世界には、たくさんの略語やスラングのようなものがあり、ネットに疎《うと》い人たちから見ると、「いったい、何を言っているんだ?」と思うこともしばしばです。でも、ネットに慣れた人たちに言わせれば、それは便利だし、ある意味、常識でもあるのです。

志村けんは、同じ年頃の人たちに比べて、メールの使用頻度がずば抜けて高かったといいます。あまりに頻繁にメールが来るので、メールの着信メッセージがいつも同じだと飽きるからと、頻繁に変えていたほどです。飲みに行くことも好きだっただけに、「若いオネーチャン」たちからもたくさんのメールが来ましたが、「ほとんどが話し言葉そのままで、♡マークをはじめ記号類がやたらと入っているし、普段使い慣れていない難しい漢字を変換しても、どれが正しい漢字なのかわからない」と嘆いていました。

反対に、年配の人たちはスマホなどの操作には慣れていないものの、送ってくる文章はしっかりしているし、誤変換もありません。世の中が便利になるのは良いことですが、それを上手に使いこなすためには、機械の操作だけでなく、ある程度の知識や教養が必要だというのが、志村の率直な思いです。

WORDS OF KEN SHIMURA

第六章

お金との付き合い方

WORDS OF KEN SHIMURA 65

無形の部分にこそ大切なお金を使え

車だのバッグだのといった、いわゆるモノじゃないところにお金を使ったとき、本物の精神的満足感が得られるんじゃないのかな。

▼『志村流』

お金持ちの象徴といえば、大豪邸や高価な車となりますが、志村けんはこうした「物」への執着はありませんでした。着る物は「志村さん、これいいですよ」と言われれば、「ああ、そう」となりますし、移動に使っていたベンツのワゴンも、車内での打ち合わせや資料の整理に都合がいいという理由だけで、「本当はどんな車だっていっこうに構わない」と考えていました。時価3億円と言われた豪邸も「使っているのは二部屋だけ」でした。

物へのこだわりが強くなかった志村が大切にし、お金を使ったのが「形のない物」でした。志村がやっていた仕事は物として形のあるものではありませんが、それを生み出すために欠かせないのが人間関係や情報、学問、そして何よりもアイデアでした。

何でもそうですが、何かに投資することなしに利益が生まれることはありません。志村は自分にとって絶対に必要な「モノじゃないもの」にためらうことなくお金を使うことで、アイデアを生み、そして笑いを生み出していました。それこそが何者にも代えがたい精神的満足感につながっていたのです。車やバッグよりも「無形の部分にこそお金を使え」が志村のお金に対する考え方でした。

WORDS OF KEN SHIMURA 66

アイデアは早過ぎてもダメ 鼻の差ぐらい先が丁度いい

お金になるアイデアというのは、
誰もが思いつきそうなことを、
人より鼻の差ぐらい先を見越して、
現実化すればいいんだ。

▼『志村流』

志村けんは、「東村山音頭」など多くのヒットを世に送り出しましたが、その中には、「ユーチューブの元祖」と言われるものがあります。1986年、長く続いた『全員集合』の後番組として始まった『加トちゃんケンちゃんごきげんテレビ』は、前半で30分ほどのコント、後半にゲストとのショーコントと、視聴者から投稿されたビデオを紹介する「おもしろビデオコーナー」がありました。

まだ、家庭用ビデオの普及率が10％にも達していない時代、レベルの低い素人の映像を流してどうするのかという反対意見がありましたが、志村が周囲の反対を押し切り実現します。結果的に、このコーナーは大人気となり、類似番組がたくさん生まれただけでなく、企画のフォーマットが海外に販売されたことで、「ユーチューブの元祖」とも言われたのです。

まさに、志村の先見性と言えますが、志村は、お金になるアイデアは、「鼻の差くらい先」がちょうどいいと話しています。あまりに先過ぎると、人には理解されませんし、「人と同じ」ではお金にはなりません。人より鼻の差くらい先のアイデアを思いついたら、否定せずに、まずトライしてみること、それが志村のお金になるアイデアの生み方です。

WORDS OF KEN SHIMURA 67

必要なものには惜しみなくお金を使え

オレは仕事に関して、「お金は得るだけのものではなく、利を得るために使うもの」という気持ちをいつも持っている。

▼『志村流』

「お金は、稼ぐ以上に使う方が難しい」と言う人がいるように、お金を何に使うか、何のために使うかには、その人の考え方が表れます。

志村けんは『全員集合』以来、芸能界のトップランナーの1人であり続けただけに、収入はかなりのものだったはずですが、物欲はあまりなく、贅沢《ぜいたく》品と言われるものにお金を注ぎ込むことはほとんどなかったといいます。では、何にお金を使っていたかというと、仕事をするうえで「これは絶対に必要だ」と思ったものには、惜しげもなくお金を使っています。たとえば、ビデオやＤＶＤは何千本と買い込んで、それを見ながら「どうやってネタにする？」「参考になるものはないか？」と、研究を重ねていました。

もう1つは、「仕事の質を向上させるために、専属の放送作家を雇っていた」ことです。お笑いで大切なのは、ネタづくりと構成です。最高のものをつくり出すためには、自分と気脈の通じた放送作家が必要で、そのためにお願いして専属になってもらったのです。志村によると、「お金は得るだけのものではなく、利を得るために使うもの」です。自分の仕事にとって必要なものには、ためらうことなくお金を使うのが志村の流儀でした。

WORDS OF KEN SHIMURA 68

自分の時間も相手の時間も大切にする

オレが誘ったなら、すべて払うことにしている。
それは、誘うこと＝相手の時間を拘束していること、だからだ。

▼『志村流』

志村けんは、時間をとても大切にしていました。仕事など、約束の時間には決して遅れないだけでなく、相手より早く着いて待っていることもよくありました。時間に遅れてしまい、相手に引け目を感じたくないということもあったのでしょうし、待たせることで、相手の時間を無駄にしてはいけないという思いもあったのです。

志村は、仕事の後など仲間を誘って飲みに行くことも多かったし、仲間を誘ってゴルフなどに行くこともよくありましたが、こうした場合、「オレが誘ったなら、すべて払う」を原則にしていました。自分の方が稼いでいるとか、年長だからという理由ではありません。「誘うこと＝相手の時間を拘束する」という理由からです。

「誘っていなければ、相手は他の仕事ができたかもしれないし、好きなことがやれたかもしれない。それを、自分の都合で付き合わせるということを考えると、最低限のルールじゃないのかな」

世の中には、自分の時間は大切にしているにもかかわらず、他人の時間には無頓着な人がいますが、志村にとって、誘った相手の時間はまず第一に尊重しなければならないものでした。

WORDS OF KEN SHIMURA 69

お金のせいで関係を壊すほどバカなことはない

昔から「なければ飲まない、食わない」には慣れている。
というより、掟《おきて》みたいに染み付いてる。

▼『志村流』

今の時代、特に若い人たちの間では、割り勘や食べた分だけ支払うといったやり方が当たり前になっていますが、かつては、男性と女性なら男性、あるいは上司や目上の人が奢《おご》るということが、ある種の常識のようになっていました。

志村けんは、仕事を終えると、打ち合わせと称して飲みに行くことが頻繁にありました。最初は「軽くね」と言っていながら、1軒では帰らず、2軒、3軒とハシゴをするというのがお決まりのコースでしたが、そうした場合の支払いは、ほぼ志村がしていました。しかも、支払いのほとんどは現金だったため、財布の中にはいつも50、60万円を入れていないと不安だったといいます。

もし、財布の中が10万円以下の場合には、飲みに行かない、人にも会わないと決めていました。理由は、昔から「なければ飲まない、食わない」と決めていたからですし、支払いを渋るなど「お金に執着して人間関係を壊したくない」が志村の哲学だったからです。

お金の持ち合わせがないにもかかわらず、奢ってもらうことを前提で付き合う人もいますが、そういう人とは自然と疎遠になっていくのです。

WORDS OF KEN SHIMURA 70

人に奢ったからといって見返りは求めるな

こちらが奢って、
仮にひと言もなくても、
これに腹を立てたらダメ。

▼『志村流』

志村けんは、仕事を終えた後、よく仲間を連れて飲みに行きました。「自分が誘った時には自分が払う」というのが志村の流儀でしたし、過去の経験から、何人かで食事をした時などは年上が払うというのが、志村に長年染み付いた習慣でした。

志村にワリカンという発想はなく、「奢る」ことはごく当たり前のことでしたが、代わりに「奢ってもらったら、『ごちそうさまでした』だけは心から言おう。礼儀だし、常識だもの」と考えていました。そして、「それさえ聞けば、奢ったお金はどうでもいいし、払って満足だ」というのが志村の考え方でした。

それでも、世の中にはごちそうをしてもらったにもかかわらず、肝心の「ごちそうさまでした」を言わない人もいます。「上司だから、稼いでいるんだから払って当然でしょ」ということでしょうが、そんな時にも志村は「腹を立てたらダメ」と言っています。

「いつも人に奢ってもらって飲み食いして、本当にうまいんだろうか」と思うだけのことでした。人に奢る時、「ごちそうさまでした」がなくても腹を立てず、見返りも求めない。それが志村という人でした。

WORDS OF KEN SHIMURA

第七章

上手な遊び方

WORDS OF KEN SHIMURA

71

遊びに楽な道や近道はないと心得よ

遊びの中で起こる問題の根幹は、ほとんど「スケベ心」にある。

▼『志村流　遊び術』

志村けんにとって、遊びは仕事と並ぶ両輪と言えるものでしたが、「遊びの時は、仕事の時より注意を払うことだ」と考えていました。

理由は、「遊びの中で起こる問題の根幹は、ほとんど『スケベ心』にある」からです。志村によると、繁華街でしばしば耳にする「4000円ポッキリ」や「2000円で飲み放題」などは、普通に考えればあり得ない金額であって、この手の誘いに安易に乗ってしまわないように、気をつける必要があります。

特に男性には「飲みたい」「女の子とお近づきになりたい」という欲がありますが、これらが簡単にできる、安くできると思うこと自体が間違っており、安易に誘いに乗ってはいけないというのが志村からの忠告です。

志村の言う「スケベ心」は、女性だけとは限りません。ほかにも、お金や名誉、地位といった欲すべてを含んだ「スケベ心」です。「スケベ心」から「楽して儲かる方法はないか」「大金の入る仕事はないか」などといった話に安易に乗っかると、厄介なトラブルに巻き込まれることが少なくありません。遊びに楽な道、近道はないのです。

WORDS OF KEN SHIMURA

72

「酒の席だから」を言い訳にするな

オレは言ったことは守るし、
「あれは酒の席だから」というひと言だけは、
言っちゃいけないタブーだと心がけている。

▼『志村流 遊び術』

日本は、どちらかといえば、「酒の上の不始末」に寛容な国だと言われていますが、志村けんは「酔っていようが、いまいが、オレは言ったことは守るし、『あれは酒の席だから』というひと言だけは、言っちゃいけないタブーだ」と考えていました。

志村はお酒が好きなだけに、毎日のように飲んでいましたが、お酒が入った状態では、その人の人間性がモロに出てしまうと話しています。

飲み代に汚い人、からみ酒の人、やたらと説教をしたがる人、酔い潰《つぶ》れてしまう人、ゲロを吐く人、気が大きくなってホラを吹く人、やたらと態度がでかくなる人、すぐに脱ぐ人など、まさに人さまざまですが、その結果として、周りの人に迷惑をかけたり、不快な思いをさせたりした後、「あれは酒の席だから」で済ませるようだと、単に酒癖が悪いだけでなく、人としての信用まで失ってしまいます。

だからこそ、志村は「あれは酒の席だから」は決して口にしませんし、たとえ酔っぱらっていたとしても、言ったことは必ず守るよう心に掛けていました。信用はこうした心掛けの積み重ねによって築かれていくのです。

WORDS OF KEN SHIMURA 73

遊びでも何でも、意識して新しいものに挑戦しよう

歳を取ると、どうしても自分の周りに垣根をつくってしまいがちだけど、あれは最悪。とにかく自分でやってみることだ。

▼『おとなの週刊現代』

年齢を重ねると、どうしてもそれまで自分がやってきたやり方に固執したりして、新しいことへの挑戦が億劫《おっくう》になりがちですが、志村けんは「自分の周りに垣根をつくるのは最悪」だと考えていました。

50代の頃、志村はダーツに凝《こ》ったことがあります。飲みに行くと、最後はダーツバーに行って、仕事とは関係のない若い人たちとダーツを楽しんだといいます。もちろん、そのためには「それなりの腕も必要だから」と、マイ・ダーツまで買うほど入れ込んだのです。

そこまでやる理由は、若い人たちとの会話から、今の流行を知ることができるし、今風の考え方もわかるからでした。中には「あれは若者がやるもの」と言う人もいたといいますが、志村自身は「いつまでも現役バリバリでいたいなら、遊びと名の付くものは、どんどん挑戦していくべき」と、意に介することはありませんでした。

歳を取ると、とかく同じ年齢の仲間たちとだけで遊ぶようになります。自分の慣れた遊びだけを楽しみがちですが、「垣根を取り払っていろいろやってみる」というのが、志村からの若さのための提案でした。

WORDS OF KEN SHIMURA 74

仕事をがんばってこそ遊びが楽しめる

オレにとっての遊びは、
一言で言えばご褒美《ほうび》かな。
だから一生懸命仕事をしないと、
遊んでてもつまらない。

▼『おとなの週刊現代』

志村けんは、仕事も大好きでしたが、遊ぶことも大好きでした。特に、仕事が忙しければ忙しいほど、しっかり遊んだといいます。

毎週2本のレギュラーを抱えていた時には、毎日が仕事で、コントのことをずっと考えていました。しかし、それでは煮詰まってしまうため、どうしても気分転換が必要になります。そのため、週に5日はクラブに通い、最低3軒ははしごをしていました。

驚くほどの体力ですが、それができたのは、志村にとって「遊びはご褒美」の意味があったからでした。志村によると、お酒は、汗をかいてがんばったあとが、一番おいしいといいます。仕事が忙しく、一生懸命にがんばったからこそ、その後の遊びが楽しいものとなるのです。

今の時代、見なくなりましたが、かつては、仕事は適当で、アフターファイブになるとやたら張り切る人がいましたが、志村によると、それは本末転倒であり、余裕のある遊びとは言えません。志村にとって遊びというのは「仕事のご褒美」であり、「芸の一部」です。遊ぶことで、明日もがんばろうという、前向きな気持ちになれるのが、本当の遊びなのです。

WORDS OF KEN SHIMURA 75

やりたいことはいまのうちにやっておけ

楽しみは、後に取っておこうなどと思わないほうがいい。

▼『志村流 遊び術』

「定年になって、時間の余裕ができたら、妻と旅行に行こう」と、夢を馳《は》せながら懸命に仕事をする人がいます。ところが、いざ定年になり、ある程度の時間ができたにもかかわらず、熟年離婚をされて一緒に旅行どころではないということもよくあります。

志村けんは昔、クリスマスに貰ったチョコレートを隠しておいて、後で1人だけでこっそり食べようとしたのはよかったのですが、食べるのを忘れて、表面が白くなってしまい、結局捨ててしまったことがありました。

同様に、「余裕ができたら思い切りゴルフを楽しもう」と思っていたにもかかわらず、いざお金にも時間にも余裕が生まれたのに、肝心の足腰が弱ってしまい、若い頃のようにはプレーできないということもあります。志村はこう言います。

「楽しみは、後に取っておこうなどと思わないほうがいい。楽しめる瞬間を見逃すと2度と帰ってこないからね」

ある人が、「定年後に夫婦で旅行をしたいのなら、若い頃からささやかでも2人で出かけておいた方がいい」と言っていましたが、楽しみは後回しにするのではなく、今できる範囲で楽しんでおく方がいいのです。

WORDS OF KEN SHIMURA

76

仕事のオン・オフのスイッチをきっちりと

じっと何もしないという余暇の時間も、ある意味、遊びだ。

▼『志村流 遊び術』

世の中には、何もしない時間や、暇な時間があるのが嫌で、やたらと予定を詰め込む人がいます。志村けんによると、芸能界にも似たような人がいて、とにかく自分のスケジュールを一杯にしておかないと不安になるタイプと言えます。

このタイプの人は、予定表に空白のスペースがあるだけで、自分が取り残されてしまった気持ちになります。仕事だけでびっしりならともかく、仕事もプライベートも一緒くたにして、仕事が入らないところには個人的な予定を突っ込んで満足した気になるのです。同様に、ごく普通の人の場合も、平日は仕事で忙しくしながら、休みの日も予定をびっしりと入れて、朝から晩まで計画に沿って動く人もいます。大変だけれども、動いている方が充実感を感じるのでしょう。

一方、志村は、「遊びだから、休日だから」と能動的に行動しなくてもいいのではと考えていました。「好きな仕事を一生懸命にやって汗をかき、たまの休みには1日中何もしないで、ぽさーっとしている日があっていい」。それは、志村にとって仕事の後の旨《うま》いビールと同様に、「格別の味」であり、そんなゆとりこそが、仕事を充実させ、遊びを面白くしてくれるのでした。

WORDS OF KEN SHIMURA 77

人生には適度なアソビが欠かせない

アソビは適度が一番良い。
「あり過ぎず、少なすぎず」だ。

▼『志村流 遊び術』

同じ「あそび」でも、志村けんは、「遊び」と「アソビ」を使い分けていました。

　単なる行動的遊興を「遊び」とすれば、「アソビ」はゆとりや余裕といった心理的なものを指しています。

　たとえば、海外旅行に出かけることは「遊び」ですが、限られた日数ですべてを観ようと、あれもこれもと予定を詰め込み過ぎると、せっかくの「遊び」が「アソビ」のないものになってしまいます。同様に、株式投資でも「アソビ」のお金であれば、少しばかり株価が下がったとしても、焦らずに持ち続けることができますが、わずかの現金しかないにもかかわらず※信用買いをしてしまうと、大きな借金を抱えることにもなります。

　かといって、アソビがあり過ぎると緊張感がなくなり、世の中の価値観とズレが生じたり、人に騙されやすくなるというのが志村の考え方でした。志村は言います。

「気持ちの余裕、お金の余裕、休日など、どれもほどほどが健康的だと思う。アソビは人生にも不可欠。あり過ぎはダレるし、なさ過ぎは疲れる」

　人生には、適度な「アソビ」が必要なのです。

※信用買い…保証金となる手元資金を証券会社に預け、その担保を元に株式購入の資金を借りて取引をする方法のこと。

WORDS OF KEN SHIMURA

78

失敗には許されるものと、許されないものとがある

何をするにも、
一応先のことを考えてから、
行動するようにしている。
芸と同じで、失敗してからじゃ遅いから。

▼『志村流』

志村けんが、長く芸能界のトップで活躍できたのはスキャンダルとほぼ無縁だったからです。そんな志村にとって、最大の失敗と言えるのが、１９８１年、『全員集合』で人気絶頂の頃に、競馬のノミ行為（国の認可を受けていない者が私的に胴元になって馬券を売る行為）の客として、仲本工事とともに警視庁の取り調べを受けた（少額のため起訴猶予処分）ことです。テレビ局がニュース速報を流すほどの事件でした。

志村の賭けた金額は、それほど大した金額ではありませんでしたが、当然活動はできませんでした。志村と仲本がいない中、残る３人の奮闘によって『全員集合』は何とか収録し、放送もされましたが、収録に先だち、いかりや長介に「この舞台が、ドリフの最後の舞台になるかもしれない」と言わせるほどの危機を招いてしまいました。

この事件で、志村は「何気ない行動が、へたすると一生を左右することにもなりかねない」ことをとことん思い知ったといいます。以来、志村は何をするにしても、先々のことを考えてから行動するようになりました。人生には失敗がつきものとはいえ、「失敗してからでは遅い」失敗があるのが現実です。

WORDS OF KEN SHIMURA 79

稼いだお金は好きなことに使わなければ意味がない

よく「タバコをやめられないのは意志が弱いからだ」
なんて言う人がいるけど、
ボクから言わせれば、
やめる人のほうが意志が弱いんだよ。

▼『おとなの週刊現代』

志村けんには、仕事以外で、大好きな、愛してやまない「三種の神器」がありました。

酒とタバコと女です。

中でも一番好きだったのが酒で、次が「可愛い娘」、三番目がタバコでした。タバコは毎日、三箱近く吸っていたといいますから、切れ目なしにタバコを吸い続けるチェーンスモーカーと言えるかもしれません。

酒が好きで、タバコも好きとなると、当然、体のことが心配になったはずですが、志村自身は酒とタバコの組み合わせは最悪のパターンと知りつつも、「無理に禁煙しようものなら、そっちのストレスのほうが体にもっと悪い」と理屈をつけて、止めようとはしませんでした。

世の中が禁煙へと向かい、タバコをやめる人が増えましたが、志村は「僕は意志が固いから、吸ったら一生吸い続ける」と、早くから口にしていました。「よく『タバコをやめられないのは意志が弱いからだ』なんて言う人がいるけど、ボクから言わせれば、やめる人のほうが意志が弱いんだよ」が志村の言い分でした。「一生懸命働いて稼いだお金で好きなことをしなければ、生きている意味はない」が志村のモットーでした。

WORDS OF KEN SHIMURA

80

年齢の変化にあわせて自分をアップデートしよう

人生において、味覚の路線変更はありだ。

▼『志村流』

志村けんはお酒が好きで、お酒が強いこともあって、若い頃からありとあらゆるものを飲んだといいます。志村によると、スコッチ・ウィスキー、バーボン・ウィスキー、日本酒、ビール、ワインなど、「酒という酒は、ほとんど制覇したと言ってもいい」というほどですからかなりのものです。

当然、高価な酒も飲んでいます。何万円もする酒も飲んだうえで、最後に落ち着いたのが芋焼酎です。仮に飲み過ぎたとしても、翌日の二日酔いが軽く済むのが気に入って、長く飲み続けていました。酒が好きなだけに、酒の供にも凝っていて、一時は馬のレバー刺しにハマっていましたが、後に志村のように肝臓の悪い人が食べ過ぎると、かえって悪くなると聞いて驚いたといいます。

酒の好みが年を重ねるにつれて変わってくるように、食べ物の好みなども変わっていくものです。酒の好みや食べ物の好みが変わっていくのなら、「少し味がわかってきたら、今度はその味をものさしにして、感覚も、常識も、人生設計も、変えてしまえばいいんじゃないの」が志村からのアドバイスです。

人は年齢とともに変わり、成熟していくものなのです。

「志村けん」参考文献

『変なおじさん【完全版】』志村けん著、新潮社

『志村けん―わたしはあきらめない』志村けん著、KTC中央出版

『志村流』志村けん著、三笠書房

『志村流 遊び術』志村けん著、マガジンハウス

『志村けん　160の言葉』志村けん著、青志社

『週刊現代別冊 おとなの週刊現代 2020 vol.6 いまも愛される 志村けんさんが教えてくれたこと』週刊現代編、講談社

『我が師・志村けん 僕が「笑いの王様」から学んだこと』乾き亭 げそ太郎著、集英社インターナショナル

『ドリフターズとその時代』笹山敬輔著、文藝春秋

桑原　晃弥
くわばら　てるや

1956年、広島県生まれ。経済・経営ジャーナリスト。慶應義塾大学卒。業界紙記者などを経てフリージャーナリストとして独立。トヨタ式の普及で有名な若松義人氏の会社の顧問として、トヨタ式の実践現場や、大野耐一氏直系のトヨタマンを幅広く取材、トヨタ式の書籍やテキストなどの制作を主導した。一方でスティーブ・ジョブズやジェフ・ベゾスなどのIT企業の創業者や、本田宗一郎、松下幸之助など成功した起業家の研究をライフワークとし、人材育成から成功法まで鋭い発信を続けている。著書に『人間関係の悩みを消すアドラーの言葉』『自分を活かし成果を出すドラッカーの言葉』（ともにリベラル社）、『スティーブ・ジョブズ名語録』（PHP研究所）、『トヨタ式「すぐやる人」になれるすごい仕事術』（笠倉出版社）、『ウォーレン・バフェット巨富を生み出す7つの法則』（朝日新聞出版）、『トヨタ式5W1H思考』（KADOKAWA）、『1分間アドラー』（SBクリエイティブ）、『amazonの哲学』（大和文庫）などがある。

イラスト　宮島亜希
デザイン　宮下ヨシヲ（サイフォン グラフィカ）
校正　土井明弘
DTP　22plus-design
編集人　伊藤光恵（リベラル社）
編集　安永敏史（リベラル社）
営業　持丸孝（リベラル社）
制作・営業コーディネーター　仲野進（リベラル社）

編集部　鈴木ひろみ・榊原和雄・尾本卓弥・中村彩
営業部　津村卓・澤順二・津田滋春・廣田修・青木ちはる・竹本健志・坂本鈴佳

プロフェッショナルを究める **志村けんの言葉**

2023年4月22日　初版発行

著　者　桑 原　晃 弥
発行者　隅 田　直 樹
発行所　株式会社 リベラル社
〒460-0008　名古屋市中区栄3-7-9　新鏡栄ビル8F
TEL 052-261-9101　FAX 052-261-9134
http://liberalsya.com
発　売　株式会社 星雲社（共同出版社・流通責任出版社）
〒112-0005　東京都文京区水道1-3-30
TEL 03-3868-3275
印刷・製本所　株式会社 シナノパブリッシングプレス

 ISBN978-4-434-31873-3　C0095